Liebe Glücksuchende,

Glück fällt nicht vom Himmel. Glück kann eine gute Tasse Kaffee sein. Ein Lieblingsmensch, der unverhofft vor uns steht. Oder ein unerwartet schöner Ort, den wir entdecken. Auf einmal ist es da, das Glück. Bringt Licht in den Tag. Macht ihn bunt und lebenswert.

Was aber genau macht einen Ort in Mainz zum Glücksort? Sind es die goldgelben Blätter der Ginkgo-Allee in der Neustadt? Die Schäfchen an den Römersteinen? Oder der versteckte Strand mit seinem weichen Sand am Mombacher Rheinufer…?

Wie gut es ist, seine ganz persönlichen „Glücksorte" zu kennen. Orte, an denen man sich wohlfühlt. Entspannt. Loslässt vom Alltagseinerlei. Unbenommen: Glück ist subjektiv. Ist ein Gefühl. Jeder versteht etwas anderes darunter. Dieses Buch will Lust machen, Sinne und Fantasie einzusetzen. Sich Zeit zu nehmen und loszugehen, um die eigenen Lieblingsorte zu entdecken. Und das Glück des Entdeckers zu spüren. Ich bin glücklich. Dass ich all meine Mainzer Glücksorte in dieses Buch packen durfte. Ich lade Sie ein! Kommen Sie einfach mit. Und spüren auch Sie das Glück in Mainz.

Ihre Stefanie Jung

Deine Glücksorte ...

4

... noch mehr Glück für dich

Wein im Neustadt-Untergrund

 Das Weingut Landenberger

Viele Stufen geht es hinunter, tief unter die Erde. Angenehm kühl ist es hier. Und warm das Licht, das die alten Gewölbe erleuchtet. Mittendrin: Weinfässer. Aus Holz und Edelstahl. Ein Weinkeller mitten in der Mainzer Neustadt? Was heute für Verwunderung sorgt, war zur Entstehungszeit des Stadtteils um die vorletzte Jahrhundertwende selbstverständlich. Als die Neustadt auf dem Gelände des einstigen Gartenfelds dank des Stadterweiterungsvertrags von 1872 entstehen konnte, haben Weinhändler ihre Häuser gleich mit den entsprechenden Gewölbekellern erbaut. Der Stadtteil ist bis zum heutigen Tag von zahlreichen Weinkellern durchzogen. Das unterirdische Gewölbe in der Adam-Karrillon-Straße 4 ist somit eigentlich nur eines von vielen. Eigentlich. Denn er wurde wieder zu seiner ursprünglichen Bestimmung zurückgeführt …

1883 erbaute Julius Pennrich die Weinkellerei und -handlung, allerdings ist der oberirdische Teil während des Zweiten Weltkrieges zerstört worden. Marcus Paul Landenberger konnte das Anwesen übernehmen. Der eingeschossige Nachkriegswiederaufbau über dem Keller wurde abgerissen und obenauf kam ein schicker Neubau. Darunter aber, im historischen Gewölbe, ist dank des Self-made-Winzers wie einst wieder Raum für den Wein.

TIPP Weinverkauf: Montag bis Freitag 17 bis 19 Uhr, Weinverkostung: freitags ab 19.30 Uhr.

Weinberge gibt es im größten Stadtteil von Mainz natürlich nicht. Die Rebhänge des Weinmachers liegen vor den Toren der Stadt, in Rheinhessen. Auf insgesamt rund einem Hektar baut er in den Weinbergen bei Zornheim und Nackenheim seine drei Rebsorten, nämlich Sauvignon blanc, Riesling und Spätburgunder, an. Dort von Hand gelesen, werden die Trauben vor Ort gekeltert, bevor der Saft zur Vergärung in die Fässer tief im Neustadtgrund fließt. Immer freitagabends wird der kleine Weinladen im Hinterhaus zu einem besonders kommunikativen Platz. Dann finden sich am langen Tisch Weinfreunde aus Stadt und Region zur Verkostung ein. Und, wie in Mainz so üblich, kommt man als Gast und geht als Freund.

○ **Weingut Marcus Paul Landenberger, Adam-Karrillon-Straße 4, 55118 Mainz, Tel. (01 73) 1 71 80 93**
www.weingut-landenberger.de
○ **ÖPNV: Bus 9, 67, 68, 76, 92, Haltestelle Neubrunnenstraße**

 8

Madonna im blauen Nass

2 *Der Marienbrunnen im Kirschgarten*

Was wäre der schönste Platz ohne einen plätschernden Brunnen? Ein Brunnen, an dessen Rand man etwas Ruhe und Erholung inmitten des hektischen Treibens auf dem Platz finden kann? Durch die Dominanz der prachtvollen Häuser fällt der Marienbrunnen im Kirschgarten nicht unbedingt sofort in den Blick, denn im Mittelpunkt steht er nicht. Eher dezent schmiegt er sich ins äußere nordwestliche Eck.

Dabei gibt es so viel an ihm zu entdecken. „Zum Schmuck der Vaterstadt stiftete der Mainzer Verschönerungsverein diesen Brunnen im Jahre 1932" steht im roten Sandstein seines Beckens zum Platz hin eingemeißelt. Tatsächlich folgte das Brünnlein mit seiner prachtvollen Bekrönung einem als nicht so repräsentativ empfundenen Vorgängerbrunnen und ziert statt seiner den Platz. Unaufgeregt und gemach läuft das Wasser durch die aus der Steinsäule ragenden länglichen Rohre ins Becken. Wie angenehm, sich hier an einem warmen Tag zu erfrischen, es über die nackten Unterarme rinnen zu lassen. Über der gesamten Szenerie thront eine Mainzer Madonna, wie sie ähnlich an vielen Mainzer Häusern zu finden und der sogenannten Harxheimer Muttergottes nachempfunden ist. Zierlich und zart, weiblich und mütterlich wirkt sie, in ihrem roten Kleid und dem blauen Tuch. Mit ihrem goldenen Krönchen und dem kleinen Jesuskind im Arm. Beide sind sie umrahmt von einem goldenen Oval. Es ist bestückt mit allem, was in der Region wächst und viel christliche Symbolhaftigkeit in sich trägt. So gelten die Weintrauben als Symbol der Mütterlichkeit, die Ähren als Zeichen der Eucharistie und die Rosen als Sinnbild der Gottesmutter. Und weiter geht es mit der im Brunnen versteckten Symbolik. Beide, Mutter und Kind, stehen auf einer Weltkugel. Nur eine Fußspitze Mariens ragt unter dem üppigen Faltenwurf ihres Kleides hervor und tritt auf eine sich um Sichelmond und Erdball windende Schlange. Es handelt sich dabei um ein beliebtes Motiv der Gotik und soll den Sieg über all das Schlechte in der Welt darstellen.

TIPP Gutbürgerlich und bodenständig geht es im Restaurant „Bergschön" im Kirschgarten zu. www.bergschön-mainz.de

● Marienbrunnen im Kirschgarten, 55118 Mainz-Altstadt
● ÖPNV: Bus 28, 54–57, 60–65, 68, 70, 71, 90, 91, 99, Haltstelle Höfchen

Bahn en miniature

3 · *Der Waggon des Modellbahn-Clubs auf Gleis 13*

Es ist eine kleine, große Welt, die da im Mainzer Hauptbahnhof auf Gleis 13 zu entdecken ist. Auf diesem Abstellgleis steht ein ehemaliger Reisezugwagen der Deutschen Bahn, ausgemustert seit dem 8. Juni 1971. Aber er ist lebendiger denn je! Da wuselt und rattert, blinkt und leuchtet es in allen Ecken. In dem Waggon Baujahr 1934, Fabrik Nr. 126962, befindet sich die verkleinerte Nachbildung einer ganzen Eisenbahnwelt. Nachweislich versteht ein Besuch des vom Modellbahn-Club MCM 70 betriebenen Kuriosums auch, Nicht-Eisenbahn-Freaks glücklich zu machen. Die Palette der Loks reicht von Deutschlands erster Dampflok „Adler" über E-Loks in allen Kategorien bis zum modernen ICE. Reise- und Güterzüge rattern auf 300 Meter langen Gleisen durch eine geographisch an das Mittelrheintal erinnernde Landschaft. Das Leben und Treiben auf einem Kleinstadtbahnhof ist ebenso zu beobachten wie die kleine Gondelanlage, deren Fahrkabinen gemütlich über die herrschende Betriebsamkeit hinwegschweben. Im von den Tüftlern des Clubs authentisch nachgebauten Bahnbetriebswerk werden wie einst Loks über Drehscheiben rangiert und wie in früherer Zeit mit Kohle- und Wasserkran abgefertigt. Ständig sind neue Details im Miniaturformat zu entdecken.

TIPP Der Modellbahn-Club betreibt eine weitere Modellbahnanlage in der Kinderklinik der Universitätsmedizin.

Gefahren wird komplett analog, das Thema Digitalisierung ist für die ursprünglich von Eisenbahn-Veteranen gestaltete Anlage kein Thema. Der Strom für die Züge kommt direkt aus der Oberleitung. Das bunte Treiben wird manuell von einem Fahrdienstleiter gesteuert. Und dieser thront in persona in seinem kleinen Hochsitz über der Anlage. Eine weitere Besonderheit ist der aufgrund des engen Raums entstandene Höhenunterschied, den die Lokomotiven mit bis zu vier Prozent Steigung zu bewältigen haben. Und noch ein paar Zahlen: Insgesamt 30 Züge durchfahren im Maßstab 1 : 87 die 11,5 Meter lange, 1,8 Meter breite und bis zu zwei Meter hohe Anlage, in der 58 Weichen die Verläufe auf den hier rund 300 Meter verbauten Gleisen angeben.

Modellbahn-Club Mainz MCM 70, Gleis 13, Hauptbahnhof Mainz, 55116 Mainz
www.mcm70.com
ÖPNV: Bahn 50-53, 59, Bus 9, 54-57, 60-65, 68, 76, 90-92, 650, 652, 660,
Haltestelle Hauptbahnhof

Heimkehr ins goldisch Meenz

4 Über die Theodor-Heuss-Brücke nach Mainz

Warum eigentlich gibt es kein Lied über eine Mainzer Brücke? Kein „Über sieben Brücken musst du geh'n", kein „Sur le pont de Mayence", „Bridge over Troubled Water", oder – noch besser – kein „Meenzer Rheinbriggebluus"? Letzteres natürlich abgeleitet von dem Kult-Song Joy Flemings schlechthin, dem „Mannemer Neggarbriggebluus". Ein Brücken-Song würde Mainz gut stehen, schließlich gibt es gerade hier einige davon. Ob Eisenbahnbrücke, Kaiserbrücke, Theodor-Heuss-Brücke oder Schiersteiner Brücke: Sie alle verbinden die Bundesländer Rheinland-Pfalz und Hessen und deren Landeshauptstädte Mainz und Wiesbaden. Und als Mainzer kann man eben schon mal den Blues bekommen, befindet sich die eigene Stadt plötzlich im Rücken. Für Mainzer ist die andere Rheinseite nämlich schlicht die „eebsch Seit". Übersetzt also die „falsche Seite" des Ufers – nun gut, das ist immer eine Frage der Perspektive. Brücken jedenfalls sind für die Mainzer besonders wichtig. Sie dienen nicht nur dazu, den Rhein zu überqueren. Sie sind in der Hauptsache der Weg zurück in die Heimat! Die Theodor-Heuss-Brücke liegt in der Mitte, zwischen der südlich gelegenen Eisenbahnbrücke und der Kaiserbrücke im Norden. Über sie können die Mainzer spazierend, radelnd oder mit dem Auto heimkommen. Immer die Skyline ihrer Stadt vor Augen. Geradeaus, hinter dem Brückenkopf, erwartet der feudale Bau der Staatskanzlei die Heimkehrer. Schräg hinter dem Landtag ragen die zwei herzerwärmenden Zwiebeltürmchen von St. Peter über alle Dächer. Und es geht weiter. Links, über die bewegten Fluten des Rheins hinweg, streichelt der Blick die Karmeliterkirche mit ihrem kleinen Dachreiter, nimmt das Auge den dahinterliegenden Turm von St. Quintin und weiter in der Ferne den die Stadt überragenden Turm von St. Stephan wahr. Streift über die Türme des Doms, erfasst das stetig näher kommende Ufer mit seiner unmittelbar am Wasser entlangführenden Promenade und schließlich das große Ganze: die Silhouette von Mainz. Wieder daheim. Ein Moment des Glücks.

TIPP Sehenswert! Jedes Jahr aufs Neue wird die Graffiti-Galerie unter dem Brückenkopf in Kastel neu gestaltet.

🔴 Theodor-Heuss-Brücke, 55116 Mainz
🔴 ÖPNV: Bus 6, 9, 28, 54–57, 68, 70, 71, 91, 99, Haltestelle Brückenplatz

Mit Det über die Straße

Die Mainzelmännchen-Ampel auf der Großen Bleiche

Leuchtet der schlaue Det grün, ist für die Mainzer „Gehen" angesagt. Seit dem 23. November 2016 funktioniert diese Regelung bei der Überquerung der Großen Bleiche. Für ein gut gelauntes Schmunzeln beim Passieren der stark frequentierten Verkehrsachse zwischen Lotharstraße und Neubrunnenplatz sorgt Schlaumeier Det, unangefochtener Chef der Mainzelmännchen, bis heute. Der Name setzt sich übrigens zusammen aus dem Standort des ZDF Mainz – und den für die Entwicklung der Blödelbuben Pate stehenden Heinzelmännchen. Die Identifikation der Mainzer mit den kleinen Männlein ist also entsprechend groß.

Zum allerersten Mal „auf Sendung" gingen die sechs Mainzelmännchen am 2. April 1963. In dem Jahr, als das Fernsehen seine erste Revolution erlebte. Und es dank Gründung des ZDF auf einmal zwei Programme gab. Der Grafiker Wolf Gerlach war Erfinder der Mainzelmännchen und gilt bis zum heutigen Tag als „Vater" des bekanntesten Junggesellen-Kollektivs in Deutschland. Jedem einzelnen der kleinen Männlein mit ihren Zipfelmützen hat er nicht nur einen eigenen Charakter mit auf den Weg gegeben: Jede der kleinwüchsigen Trickfiguren hat auch einen zugehörigen Namen. So tauchen Anton, Berti, Conni, Edi, Fritzchen und Det nun schon seit über 50 Jahren in lustigen Kurzfilmchen zwischen den Werbespots im Vorabendprogramm auf, was sie weit über die Landeshauptstadt von Rheinland-Pfalz hinaus bekannt gemacht hat.

TIPP Fans der Mainzelmännchen werden im ZDF-Shop in der Schöfferstraße 6, 55116 Mainz, fündig. www.zdf-shop.de

Die erste Mainzelmännchen-Ampel Deutschlands ist eine Gemeinschaftsaktion zwischen ZDF und Stadt. Weitere Ampeln sind nun gefolgt. Die Richtlinien für Lichtsignalanlagen wurden dafür um einen Passus ergänzt, der besagt, dass an rheinland-pfälzischen Ampeln mit den Mainzelmännnchen auch andere Motive als die bisher bekannten Piktogramme zugelassen sind. Zur großen Einheitsfeier im Oktober 2017 ist mit dem Ampelmännchen aus dem Osten übrigens eine weitere Variante hinzugekommen: Die Ampelquerung über die Rheinstraße in Höhe Fischtor muss Det sich damit teilen.

- Mainzelmännchen-Ampel, Große Bleiche/Höhe Neubrunnenplatz, 55116 Mainz
- ÖPNV: Bus 6, 64, 65, Haltestelle Neubrunnenplatz/Römerpassage

Weitblick wie die Römer

6 *Der Kästrich*

Mainz liegt geographisch gesehen günstig. Exakt auf dem 50. Breitengrad. Und ziemlich genau in der Mitte zwischen Bodensee und Nordsee. Der Main fließt hier in den Rhein. Man ist schnell in Frankreich und auch sonst überall in Europa. Das hat schon den Römern gefallen!

Der Kästrich liegt auf der höchsten Anhöhe in der Innenstadt, im Stadtteil Oberstadt. Ein großer Teil davon entstand auf dem Gebiet früherer Festungsanlagen. Der „Mainzer Grüngürtel" ist eine breite grüne Zone, die den Stadtteil als Wohngebiet besonders attraktiv macht.

Am nordöstlichen Rand des Kästrich geht es steil hinab. Die City inklusive Rhein liegt damit zu Füßen des heutigen Betrachters. Die Perspektive über die Ebene und den Fluss hinweg in Richtung der Hügelkette des Taunus dürfte ähnlich derjenigen sein, wie sie schon die Römer hatten. 13/12 vor Christus erkannte der Römer Nero Claudius Drusus, Stiefsohn des Kaisers Augustus, den strategisch hohen Wert des für alle römischen Vorhaben günstig gelegenen Ausgangspunktes. Von hier oben konnten die Römer den im Taunus verlaufenden Limes, die Ostgrenze des Imperium Romanum, gut im Blick behalten. Und von hier aus ist man zu Eroberungsfeldzügen gegen die Germanen aufgebrochen. Nach und nach entwickelte sich zu Füßen des Legionenslagers eine Siedlung, das römische Mogontiacum (lat. für Mainz). Sie bildete den Grundstein für die heutige Stadt. Im 5. Jahrhundert wurde das Römerlager aufgegeben und auf dem Gelände des einstigen Castrum (lat. für Lager) wuchs nichts außer Wein. Erst 1845 wurde der Hügel wieder bebaut. Nach und nach entstanden hier eine Sektkellerei, Brauereien und sogar ein Krankenhaus. Als 1982 die Mainzer Aktien Bierbrauerei aufgegeben wurde, entstand anstelle des einstigen Direktionsgebäudes ein Wohnhaus, das die großzügigen Arkaden des Vorgängerbaus aufnahm. Der Weg dorthin lohnt sich. Und dann einfach nur den Blick schweifen lassen, wie in einem Wimmelbild spannende Dinge entdecken – und die Weite fühlen.

TIPP Das römische Stadttor, ein begehbares Zeugnis aus der Römerzeit, ist ebenfalls den Besuch wert.

Kupferbergterrasse, 55116 Mainz
ÖPNV: Bus 9, 62, 63, 67 und 76, Haltestelle Trajanstraße

Schäfchen zählen

7 *Die Schafe an den Römersteinen*

Die Römersteine, Reste eines alten römischen Aquädukts, sind für die Mainzer ein schönes Ausflugsziel. Nah an der Stadt und doch im Grünen. Kaum vorstellbar, dass es hier vor knapp zwei Jahrzehnten noch ganz anders aussah. Auf den Wiesen wucherten Unkraut und Gras. Die frühere römische Wasserleitung war längst nicht so ein schöner Anziehungspunkt, wie sie es heute ganz selbstverständlich ist. Wie gut also, dass es den früheren Fluglotsen Günter Dorn beruflich in die Region verschlug – und er hier ohne seine Schafe vom elterlichen Hof im Allgäu nicht sein wollte. Seit dem Jahr 2000 weidet auf dem historischen Areal eine kleine Herde aus Allgäuer Bergschafen, Röhn- sowie Merinoschafen. Vervollständigt wird die Truppe von Gänsen und ein paar Hühnern. Im Schatten der historischen Römersteine hat sich damit eine kleine Landwirtschaft mit besonderem Nutzwert entwickelt. Über diese grüne Lunge im Zahlbachtal hinaus sind der passionierte Hirte Dorn und seine Helfer mit ihren Schafen geschätzte 1000 Kilometer im Jahr im Stadtgebiet unterwegs. Die sanften Landschaftspfleger mit der grünen Klaue zählen nicht umsonst zu den ältesten Nutztieren der Erde. Schonend erhalten sie Wiesenflächen rund um die Stadt: bei den Universitätskliniken, entlang des Naturschaugartens am Bretzenheimer Mühlweg oder – nomen est omen – parallel zum Schaftriebweg im Wildgrabental.

Oft genug sind sie jedoch am Fuß der baulichen Reste der Römersteine zu beobachten. Schäfchen zählen soll beruhigend sein. Ein kleiner Spaziergang zu den friedlich grasenden und anspruchslosen Haustieren lohnt in jeder Jahreszeit, besonders aber im Juni zum großen Schafschurfest auf der Wiese, bei dem im Anschluss das Fell zu Wolle verarbeitet wird und wunderbare Stricksachen daraus entstehen. Oder im Winter, zum Krippenspiel der Pfarrgruppe Zaybachtal auf der Wiese. Selbstverständlich mit den Schäfchen als Statisten. Ein wahrhaft lebendiges Denkmal sind die Römersteine damit geworden.

● Freundeskreis Lebendiges Denkmal Römersteine e. V. Mainz, Günter Dorn, Untere Zahlbacher Straße 78, 55131 Mainz, www.freundeskreis-roemersteine.de
● ÖPNV: Bahn 52, Haltestelle Römersteine

Farbgewaltige Exoten

 8 *Die Ginkgo-Allee in der Adam-Karrillon-Straße*

Im Herbst zieht das Licht ein, in die Adam-Karrillon-Straße. Denn dann leuchtet die Ginkgo-biloba-Allee in dem Abschnitt zwischen Bopp- und Hindenburgstraße in den schönsten Goldtönen. Je trister die Wetterlage, desto intensiver erscheint dem Betrachter das warme Gelb. Abhängig von der Witterung präsentieren sich die Ginkgos rund drei Wochen in dieser Farbenpracht. Insbesondere in der dann schon eher finsteren Jahreszeit hat dieser Straßenabschnitt eine ganz besondere Atmosphäre. Der Ginkgo gilt als der älteste Baum der Erde. Er ist weder Nadelbaum noch Laubbaum. Mit seiner besonderen Blattform ist er nicht nur ein Baum mit faszinierender Aura, er hat auch eine spannende Geschichte und wird aufgrund seiner Widerstandskraft bis heute bewundert und verehrt: in Japan als Tempelbaum, in China als Heilpflanze und – nachdem er sich 1945 in Hiroshima als resistent gegen atomare Strahlung erwies – fast überall als Friedenssymbol. Um 1730 hatten holländische Kaufläute Samen des Baumes in Europa eingeführt. Der Exot fand nicht nur das Interesse von Botanikern. Richtig berühmt wurde der Ginkgo bei uns durch ein Gedicht von Johann Wolfgang von Goethe (1749–1832). Er stellte das Ginkgo-Blatt aufgrund seiner Form als Sinnbild der Freundschaft dar – und ließ es damit zu einem Symbol auch für die Liebe werden.

TIPP Lecker frühstücken kann man im ersten veganen Café der Stadt, dem Möhren-Milieu, www.moehren-milieu.de.

Es gibt männliche und weibliche Bäume. Frau Ginkgo ist aufgrund der unangenehmen Gerüche, die ihre abgefallenen Samen entwickeln, nicht ganz so beliebt. Tatsächlich hat sich auch in dieser Straße der ein oder andere weibliche Baum in die Allee geschlichen. Was jedoch nicht grundsätzlich die Freude an dem lebenden Fossil trüben sollte. Nachdem man in Tokio entdeckte, dass der Ginkgo-Baum sogar resistent gegenüber Autoabgasen ist, begann sein Siegeszug in der Stadt. Die Unempfindlichkeit gegen Umweltschadstoffe macht den Ginkgo heute allgemein zu einem beliebten Straßenbaum. Ein typischer Alleebaum ist der langsam wachsende Baum allerdings nicht. Was die Allee in der Mainzer Neustadt noch einzigartiger macht.

Adam-Karrillon-Straße, 55118 Mainz
ÖPNV: Bus 9, 67, 68, 76, 92, Haltestelle Neubrunnenstraße

Wo Bräute glücklich werden

9 *La Mode Abyssale in der Gaustraße*

Der Tag der eigenen Hochzeit soll der schönste Tag im Leben sein. Fernsehanstalten verzeichnen bei der Übertragung von Hochzeiten des europäischen Hochadels Rekordeinschaltquoten. Und ob blaublütig oder nicht: Natürlich spielt an einem solch wichtigen Tag die richtige Garderobe eine ganz entscheidende Rolle. Bei der Mainzer Modedesignerin Helen Bender dreht sich deswegen alles um „das wohl wichtigste Kleid im Leben einer Frau".

In ihrem Design-Atelier in der Gaustraße ist das Glück dann auch im sprichwörtlichen Sinn zu Hause. Es ist eine kleine Welt für sich: Denn hierher kommen einfach nur glückliche – weil besonders verliebte – Menschen. Wahl-Mainzerin Helen Bender wiederum ist einfach nur glücklich über ihren Job, der so unerwartet viele Facetten aufweist.

Das Besondere an ihrer Kundschaft? In erster Linie handelt es sich bei der heiratswilligen Klientel der gelernten Maßschneiderin und ihrem Team um gleichgeschlechtliche Paare. Und hier wiederum in allererster Linie um Frauen. Dabei ist Helen Bender auf ihre Zielgruppe lesbische Brautpaare eher zufällig gestoßen. Noch während des Studiums an der Modeschule hatte sie nämlich den Namen „La Mode Abyssale" für künftige Kollektionen gewählt. „Abyssale" heißt so viel wie „grenzenlos" oder auch „tiefliegend" und bot gewollt viel Raum für Interpretation und nicht planbare Entwicklungen. Weil die junge Studentin noch auf der Suche nach der richtigen Richtung war, sollte es ein Begriff sein, unter dem man vieles – von Street-Art bis Haute Couture – fassen kann. Doch dann kam die erste Anfrage für eine Hochzeitsausstattung von einem lesbischen Pärchen. Und die Resonanz auf die klassisch-eleganten Entwürfe war unerwartet groß. Helen Bender erkannte, dass sie geradezu in eine echte Marktlücke gestoßen war, und nutzte die Chance. Bald wurde sie Teil der sich ganz dem Thema Heiraten widmenden Doku-Serie eines Privatsenders. Das Atelier in Mainz ist somit auch Drehort. Von wo aus die kreative Mode der Designerin hinaus in die Welt strahlt.

⊙ La Mode Abyssale by Helen Bender, Gaustraße 53, 55116 Mainz, Tel. (0 61 31) 9 01 98 47
www.helen-bender.de
⊙ ÖPNV: Bahn 50–53, Bus 28, 54–57, 60–63, 90–92, 99, Haltestelle Schillerplatz

Mediterranes Weingefühl

 Die Straußwirtschaft im Weingut Peter-Dhom

Der Sommerabend ist lau. Dick und prall hängen die Trauben an den Reben. Schwer an der reifenden Last haben die Wärme liebenden Pfirsichbäume zu tragen. Ein breites Band aus Lavendel verströmt unterhalb der Terrasse des Weinguts seinen Duft. Ein Prickeln liegt über alledem. Denn es ist die Zeit der Straußwirtschaft im Hechtsheimer Weingut Peter-Dhom. Und da heißt es, sich ein Plätzchen zu sichern! Ein schönes Glas Wein zu trinken. Und die herrliche Aussicht zu genießen. Wie weit das Land von hier aus ist. Rheinhessen liegt uns zu Füßen. Und weit in der Ferne, hinter den Hügeln des Rheintaunus, sehen wir von hier die Sonne wie einen feuerroten Ball versinken.

„Wo's Sträußche' hängt, wird ausgeschenkt" lautet ein altbekannter Spruch in der Region. Es war Kaiser Karl der Große, der in seiner Landgüterverordnung Capitulare de villis schon im Jahr 794 Winzern erlaubte, einen Teil des eigenen Weines selbst auszuschenken. In anderen Regionen ist solch ein Ausschank auch als Rädle-, Besen-, Kranz- oder Heckenwirtschaft bekannt. In Mainz und Rheinhessen, Deutschlands größtem Weinanbaugebiet, hat sich hingegen die Tradition der Straußwirtschaft erhalten. Hingen früher Kränze oder Sträuße an der Tür, war das Lokal geöffnet. Heute hilft der Blick in die Tageszeitung oder ins Internet.

Wie eine „echte" Straußwirtschaft auszusehen hat, ist übrigens genau definiert. Nur 16 Wochen im Jahr darf sie geöffnet sein. Außerdem ist die Sitzanzahl begrenzt, das Lokal muss einem landwirtschaftlichen Betrieb angeschlossen sein, es dürfen nur eigener Wein ausgeschenkt sowie einfache, kleine Speisen gereicht werden. Im Jahr 2008 hat Christian Dhom das historisch gewachsene und im alten Ortskern von Hechtsheim gelegene Familienweingut an den Rand des Stadtteils und damit näher zu den eigenen Weinbergen verlegt. Und auf seiner wunderbaren Terrasse Platz geschaffen für das, was eine Straußwirtschaft aufs Schönste vermittelt: ein traditionelles, Menschen miteinander verbindendes Lebensgefühl.

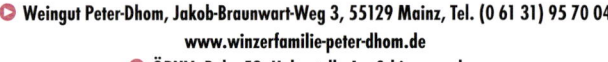

Weingut Peter-Dhom, Jakob-Braunwart-Weg 3, 55129 Mainz, Tel. (0 61 31) 95 70 04
www.winzerfamilie-peter-dhom.de
ÖPNV: Bahn 52, Haltestelle Am Schinnergraben

Urban Gardening

11 *Der Neustadtgarten „Gartenfeld"*

Kaum hat man den Torbogen durchschritten, ist man in einer eigenen kleinen Welt. Eine kleine Kraftoase, in der die Natur Einzug gehalten hat, ist dieser Innenhof inmitten der Neustadt geworden. „Städtisches Gärtnern" (so die Übersetzung für „Urban Gardening") lautet das Motto der im Ursprung aus den USA stammenden Bewegung. Bienen summen, ein Eichhörnchen springt von Zweig zu Zweig, Vögel zwitschern und die im Juni blühenden Lindenbäume verströmen ihren betörenden Duft. Der Hof ist durch die umliegenden Häuser vor Wind geschützt und das Klima für den Obst- und Gemüseanbau günstig.

Ob dicke rote Himbeeren, schlanke grüne Zucchini oder zart aus Kästen emporsprießende Kräuter: Da der Platz zum Gärtnern begrenzt ist, sind in dem einst unwirtlichen Hof kreative Ideen gefragt. Obst und Gemüse werden außer direkt in der Erde auch in selbst gezimmerten Kisten und Hochbeeten angebaut. Und das optisch etwas wackelig erscheinende Bohnen-Tipi trägt dennoch stabil seine im Verlauf des Sommers zunehmende Last. Durch die Aussaat von heimischem Saatgut wird der Insektenreichtum gefördert, die Brennnessel-Jauche zur Düngung wird ökologisch korrekt selbst angesetzt.

Es ist ein ruhiger und ein geschützter Raum, in dem seit der ersten Pflanzsaison im Frühjahr 2013 Menschen unterschiedlichster Herkunft und Generation aufeinandertreffen und miteinander die Erde bearbeiten. Oder in der Hängematte liegen und schmökern. Hinein darf hier jeder und mitmachen sowieso. Quasi nebenbei ergeben sich Kontakte mit Bewohnern, mit denen man zwar gemeinsam im Quartier lebt, aber sonst vielleicht nie ins Gespräch gekommen wäre.

Gegärtnert wird also nicht allein auf der Scholle, sondern gemeinsam auf der öffentlichen, von der Stadt zur Verfügung gestellten Fläche. Die Natur gibt dabei das Tempo vor. „Mit den Händen in der Erde zu wühlen hat für mich etwas Meditatives", sagt einer der Freizeitgärtner. Und der schönste Lohn ist natürlich die gemeinsame Ernte, wenn das jeweilige Obst oder Gemüse seine Reife erlangt hat.

Neustadtgarten Gartenfeld, Forsterstraße 34–38, 55118 Mainz
www.gartenfeld-mainz.de
ÖPNV: Bus 62, 63, 67, 92, Haltestelle Synagogenplatz

Duftendes Handwerk

12 *Die Altstadtbäckerei Vetter*

Ist die Türe des kleinen Ladengeschäfts geöffnet, zieht uns der generell in Städten nahezu verloren gegangene Duft von frisch gebackenem Brot geradezu magisch hinein. Die Liebe zum Handwerk und zum guten Produkt ist hier auf der Straße sprichwörtlich zu riechen. Im Hinterhof der kleinen Bäckerei am oberen Ende der Jakobsbergstraße wird noch so traditionell wie in den Anfängen gebacken. 1935 wurde das Backhaus von Heinrich Vetter an Ort und Stelle gegründet. Und es ist Urenkel Steven Vetter, der die Tradition des Backhandwerks hier aufrecht hält. In der Backstube wird bis heute, nur wenige Schritte vom Verkaufsladen entfernt, alles Gebäck mit der Hand geformt. Ungefähr 15 unterschiedliche Brote sind auf überschaubaren 15 Quadratmetern Verkaufsfläche im Angebot. Je nach Saison stoßen mit Rhabarber, Aprikosen, Zwetschgen oder Kirschen und Streuseln belegte Blechkuchen, süße Teilchen und immer wieder einmal eine neue Kreation auf große Nachfrage. Menschen kommen nicht nur aus Mainz an diesen Ort, an dem „Aufbacken" ein Fremdwort ist. Besonders beliebt sind übrigens Spezialitäten wie der Rosenweck, ein süßes Brötchen mit charakteristischer Wellenform und wegen des hohen Eieranteils von der älteren Generation auch „Eierweck" genannt. Oder der typische, fast in Vergessenheit geratene „Haddekuche": ein würziges, leicht süßliches Dauergebäck. Es kann gut aufbewahrt werden, wird dann aber auch schnell trocken. Einst war dieser „Harte Kuchen" besonders beliebt zum Wein und Großvater Heinrich verkaufte ihn direkt aus dem Korb in den Weinstuben vor Ort. Wie ein „Handkäs' mit Musik" bildete er die gute Grundlage für mehrere Schöppchen. Das als Backtriebmittel und Aromageber verwendete Hirschhornsalz galt zudem als magenschonend, weil es die Säure des Weins in Schach hielt. Nach dem wiederentdeckten Originalrezept von Heinrich Vetter ursprünglich nur für die Weihnachtszeit vorgesehen, erlebt das Gebäck heute eine Renaissance und befindet sich das ganze Jahr im Angebot.

● Altstadtbäckerei Vetter, Jakobsbergstraße 4, 55116 Mainz, Tel. (0 61 31) 22 82 25
● ÖPNV: Bus 64, 65, 70, 71, 92, Haltestelle Altstadt/Holzhof

Kunst am Rheinkai 500

13 *Der „Nomade" am Zollhafen*

Angekommen! Zwar von der Reise gezeichnet. Geschunden. Fast schon ein Gerippe. Und doch kraftvoll, geradezu mächtig, stolz. Setzt man sich auf die Treppen davor, sieht man auf den hier breiten, reißenden Fluss. Dahinter die Bäume. Den „Nomaden" im Rücken. Die Gedanken sind frei, hier können sie auf Wanderschaft gehen …

1,2 Tonnen Bronze, Patina und Stahl vereint das Kunstwerk in Gestalt eines Pferdes in sich. Verharrend am Rhein, im Wrack eines Bootes. Geschaffen von dem südamerikanischen Künstler Gustavo Aceves. Der „Nomade" ist Teil einer Serie weltweit platzierter Werke, des „Lapidariums". Allesamt sind es Pferde, alle befinden sich in Booten – oder dem, was künstlerisch davon übrig blieb.

Mainz ist gemeinsam mit dem Weinland Rheinhessen vom Rheinknie umgeben. Schon der Mainzer Schriftsteller Carl Zuckmayer (1896–1977) sprach vom Rhein als „Völkermühle Europas". Was meint, dass der Fluss immer Durchzugsgebiet und Drehscheibe unterschiedlichster Kulturen war. Der Rhein war Verteidigungslinie und ist Handelsroute bis heute. Hier, am Zollhafen, am Wasser, ist der richtige Platz für eine Gestalt wie den „Nomaden". Eine, um die sich Bilder aus der Geschichte und des Lebens ranken. Und die für brandaktuelle Themen wie Migration, Einwanderung und Zuflucht steht.

Nach langer Zeit der industriellen Nutzung entwickelt sich das Gelände rund um den Zollhafen Stück für Stück zur Wohnanlage in exponierter Wasserlage. Mit nur 4,5 Meter Abstand zum Rhein – so nah wie nirgends zwischen Mannheim und Köln – interpretiert das mit dunklem Klinker verkleidete Gebäude Rheinkai 500 die einstige Industriekultur auf moderne Weise. Das Pferd wiederum interpretiert der Mexikaner Aceves als kraftvolles Symbol des Tragens, aber auch des Ertragens auf einer langen Wanderschaft. Mit der Verbindung zwischen Tier und Bootsrumpf hat er etwas Symbolhaftes geschaffen. Am 6. Juni 2017 hat mit dem „Nomaden", dem Pferd, ein großes wie extravagantes, besonders passendes Kunstwerk in dem großen Durchgang des Gebäudes Einzug gehalten.

• •

⊙ Rheinkai 500, Taunusstraße 66–72, 55118 Mainz
⊙ ÖPNV: Bus 70, 76, Haltestelle Feldbergplatz/Mainzer Stadtwerke

Eine Bibliothek als Paradies

 14 *Die wissenschaftliche Stadtbibliothek*

„Siempre imaginé que el paraíso sería algún tipo de biblioteca" – oder übersetzt: „Ich habe mir das Paradies immer als eine Art Bibliothek vorgestellt". So hat es der argentinische Schriftsteller Jorge Luis Borges (1899–1986) in einem seiner letzten Romane formuliert. Ein Zitat, das berührt. Das die Bibliothek förmlich in andere, höhere Sphären zu entrücken scheint. Die Schriftkünstlerin Tanja Leonhardt verwandelte den Denkspruch in ein Bild, das seinen Platz an einer Wand in der wissenschaftlichen Stadtbibliothek von Mainz gefunden hat.

Das 1912 erbaute Haus zählt zu den wenigen Gebäuden in Mainz, die während des Zweiten Weltkrieges nahezu unzerstört geblieben sind. Verkehrsumtost, durch die Rheinallee vom Fluss getrennt, lässt die Hektik der Großstadt hinter sich, wer durch die große Holztür des mächtigen Hauses tritt. Es ist diese Atmosphäre, die Menschen finden, suchen sie eine Bibliothek wie diese auf. Stöbern. Lesen. Arbeiten. Schwelgen. All das ist möglich. Gefühlt bleibt die Welt einfach draußen.

Rund 7000 Bände werden in dem historischen Lipman-Regalsystem hinter den Kulissen aufbewahrt. Hervorgegangen aus der Bibliothek der 1477 gegründeten kurfürstlichen Universität, gingen die Bestände 1805 in den Besitz der Stadt über. Nach der Unterbringung in unterschiedlichen Gebäuden, zuletzt im Mainzer Schloss, stand 1912 der Umzug in das repräsentative Gebäude an. Dass sich bis zum Umzug des Gutenberg-Museums gar dessen Exponate hier befanden, davon zeugen Spuren wie das Abbild des Erfinders oder der Gutenberg-Saal.

Wer das historische Gebäude betritt, ist auf der Suche. Nach Fakten. Nach Inspiration. Wird man fündig, fühlt es sich gut an. Jorge Luis Borges glaubte an die Magie des Buches. Mit den hier über 690.000 verwahrten Büchern ist die Stadtbibliothek eine der größten kommunalen Büchereien in Deutschland. Eine kleine magische Welt für sich, mit ihren Lesesälen, Regalen, Ecken und Nischen. Und für Menschen, die das Buch lieben, hat sie es tatsächlich, das Zeug zum Paradies …

● **Wissenschaftliche Stadtbibliothek, Rheinallee 3 B, 55116 Mainz, Tel. (0 61 31) 12 26 91**
www.bibliothek.mainz.de
● **ÖPNV: Bus 9, 70, 76, Haltestelle Kaisertor/Stadtbibliothek**

Fontäne, Glocke, Bogenstrahl

15 *Der Klenk-Brunnen*

Wie auf einer Insel ruht die Christuskirche inmitten der Kaiserstraße. Umspült vom Verkehr. Umschmeichelt von Blumenrabatten und mächtigen Bäumen. Und in der warmen Jahreszeit erfrischt vom plätschernden Nass zu ihren Füßen. Was sprudelt und plätschert es in diesem großen wie schlichten rechteckigen Becken! Wie es diesen Platz geradezu energetisch auflädt und durchströmt. Die vier Fontänen bilden den Mittelpunkt in der immerhin 14 x 33 Meter großen Brunnenanlage. Doch damit nicht genug. Im Hintergrund, am westlichen Beckenrand, sprüht das Wasser kraftvoll aus 18 dünnen Strahlenbögen. Während im Vordergrund drei Wasserglocken ihre Betonsockel umspielen. Hier lässt es sich aushalten. Fast schafft es das glitzernde Wasser, den Verkehrslärm aus dem Bewusstsein verschwinden zu lassen. Die bewegte Oberfläche fordert zum Träumen auf. Stühle und Bänke am Brunnenrand laden zum Runterkommen und Frische-Kraft-Sammeln inmitten der City ein. Zumal die großen Rotbuchen als Teil der von Gartenbaurat Norbert Schindler gestalteten Parkanlage ihre Funktion als Schatten spendende Naturdenkmäler auf das Prächtigste verstehen.

Der Hans-Klenk-Brunnen ist nur einer der rund 70 durch die Stadt Mainz betriebenen Brunnen. Aus nahezu allen Blickwinkeln bietet das fulminante Wasserspiel mit der Christuskirche als prachtvollem „evangelischem Dom" im Hintergrund spannende Fotomotive. Und doch handelt es sich bei ihm um mehr als nur ein Element der Stadtgestaltung. Denn interessant ist auch die mit seiner Entstehung verbundene Geschichte und die ihres Stifters. Die nach Entwürfen des Wiesbadener Architekten Rolf Ziffzer entworfene Brunnenanlage wurde der Stadt zu ihrem 2000. Geburtstag im Jahr 1962 geschenkt. Stifter war ein wohlhabender Klosettpapier-Fabrikant namens Hans Klenk (1906–1983). Der Name des Produkts wie des Unternehmens – „Hakle" – leitet sich aus den ersten Buchstaben seines Namens ab und ist auch über Mainz hinaus bis heute bekannt.

● **Klenk-Brunnen, Kaiserstraße, 55118 Mainz**
● **ÖPNV: Bus 9, 62, 63, 67, 92, Haltestelle Hindenburgplatz/Architektenkammer**

Kunst im Altstadt-Hinterhof

16 *Die Werkstattgalerie*

Hinterhöfe haben besonderen Charme. Es steckt im Namen: Sie erschließen sich nicht auf den ersten Blick, liegen eher versteckt, irgendwo dahinter. Wie auch in diesem Fall. Wer die Werkstattgalerie von Anne Böschen in der Neutorstraße besuchen möchte, muss aufpassen, dass er nicht am Eingang vorbeispaziert. Lediglich ein kleines Schild weist den Weg durch das Vorderhaus und damit in ein kleines Eckchen Mainzer Bullerbü. Zu diesem Empfinden trägt auch die Fassade der Galerie bei, gestrichen in einem leuchtenden, langsam verblassenden Blauton. Aus einer norddeutschen Bauernfamilie stammend, liegt für die Künstlerin an diesem Ort die persönliche Schnittstelle zwischen dörflicher Atmosphäre und urbaner Umgebung. Hier komme sie zur Ruhe und die Zeit vergehe gefühlt langsamer, meint sie.

Eigentlich war die studierte Agraringenieurin mitsamt der Familie auf Wohnungssuche, als sie den viereckigen, kopfsteingepflasterten Innenhof mit einem angrenzenden Lager voll Gerümpel im Altstadt-Hinterhof entdeckte – und ganz unverhofft ihren Glücksort gefunden hatte. An dem sie andere gerne teilhaben lässt. Stehen die Holztore zur Galerie offen, wird der Platz zu einem kommunikativen Ort. Menschen kommen und bleiben, arbeiten auch selbst gerne hier. Denn Anne Böschen malt hier nicht nur professionell, sondern bietet auch Kurse, Schulprojekte, Malpartys und Workshops. Beim Selbermachen ohne Vorgaben wird ausschließlich mit Holz, Ton, Secondhand-Materialien oder Farben, die aus Erdpigmenten und verschiedenen Sanden gewonnen wurden, gearbeitet. Daraus entstehen besonders harmonisch wirkende, abstrakte Bilder. Erdfarben haben ihre eigene Schönheit. Sie sind uralt, warm und harmonisch. Die so gewonnenen Farben haben kein Verfallsdatum und sind zeitlos. Es ist also nicht nur dieser Hinterhof mit seinem ohnehin eigenen Charme, der Glück verheißt. Es sind auch die besonderen Bilder in der Galerie einer Künstlerin mit ganz besonderem Bezug zur Erde.

▶ Anne Böschen, Die Werkstattgalerie, Neutorstraße 29, 55118 Mainz, Tel. (0 61 31) 6 27 28 41
www.werkstattgalerie.net
▶ ÖPNV: Bus 64, 65, 92, Haltestelle Bahnhof Römisches Theater/CineStar

Idylle am (Mom)Beach

17 *Der Rheinstrand in Mombach*

Zugegeben: Diesen Glücksort muss man sich verdienen. Auto ist hier Fehlanzeige. Zu Fuß oder auch mit dem Rad geht es unter der Schiersteiner Brücke hindurch, an Auenwald und Schrebergärten entlang, bis es irgendwann nach rechts geht, über Schleichwege, mitten hinein in den Auen-Dschungel.

Die ersten Geräusche vom Rhein sind bald zu hören. Der Boden verändert seine Struktur, je näher wir dem Wasser kommen. Tatsache ist: Der kleine Strand mit dem feinen weißen Sand und seinen Muscheln, an den sanft die Wellen des träge dahingleitenden Rheins schwappen, er versteckt sich. Und will sanft gefunden werden. Bald geben Bäume den Blick frei, der über das Wasser und die gegenüberliegende Rheinseite schweift. Was für eine ungewöhnliche Perspektive für alle, die nicht auf einem der den Fluss hinauf- und hinabgleitenden Motorboote unterwegs sein können. Wir sehen die markante, den Schiersteiner Hafen überspannende Fußgängerbrücke, verfolgen mit den Augen die sich dahinter erhebende Hügelkette des Rheingaus, beständig in Fließrichtung, in Richtung Norden, an Höhe gewinnend. Gemütlich tuckert ein kleines Ausflugsschiff durch die Fahrrinne in Richtung Hafeneinfahrt, derweil ein Segelboot mit prall geblähtem Tuch in den Rhein hinausgleitet. Ferienstimmung.

Es ist ein Ort zum Chillen, der kleine Strand von Mombach. Der Sand ist so weich und fein. Kinder planschen am flachen Ufersaum, eine Gruppe junger Leute spielt im Wasser stehend Ball oder schwimmt, auf Decken liegend wird erzählt, gelesen und sich gesonnt. Schlicht all das, was einen wunderbaren Sommertag ausmacht. Nur, dass dieser an einem besonders spannenden Fleck in Mainz stattfindet. Nämlich inmitten einer von geballter Urbanisation umgebenen Natur. Was ihn einerseits so attraktiv, andererseits auch umso schützenswerter macht. Schwimmmeister, die für Sicherheit garantieren, gibt es ebenso wenig wie Toiletten oder Mülleimer. Eigenverantwortung ist neben dem ganzen Vergnügen also auch noch gefragt. Und auch das ist schön!

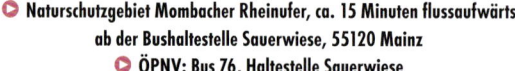

Naturschutzgebiet Mombacher Rheinufer, ca. 15 Minuten flussaufwärts ab der Bushaltestelle Sauerwiese, 55120 Mainz
ÖPNV: Bus 76, Haltestelle Sauerwiese

Ein Bier dem Hofnarren

18 *Die Brauerei Kuehn Kunz Rosen*

Der Name „Kuehn Kunz Rosen" ist so ungewöhnlich wie die Geschichte der Gründung im Alten Rohrlager: Kunz von der Rosen war ein Narr, der zur Zeit der Entstehung des deutschen Reinheitsgebotes um 1516 gelebt hat. Genauer gesagt, er war der Hofnarr des römisch-deutschen Königs Maximilian I. Mutig und intelligent soll er gewesen sein und eben kühn dazu. Eigenschaften, die man der für Bierflaschen originellen Gestaltung der Etiketten sowie des Bodenbelags im Schankraum ebenfalls zuschreiben möchte. Auf rund 100 Quadratmetern wurden nach alter Machart und exklusiv für die Brauerei hergestellte Terrazzo-Fliesen in einem sich drehenden Muster verlegt. In jeder Fliese versteckt sich eine Sanduhr, zusammengesetzt aus den Teilstrichen der Buchstaben K und R, die zudem gespiegelt wurden.

Das 1858 errichtete Alte Rohrlager ist zwar ein Mainzer Industriedenkmal, hatte seine besten Jahre aber längst hinter sich. Quereinsteiger Wendelin Quadt machte es als Wunschimmobilie für die Verwirklichung seines Lebenstraums aus. So, wie der Narr an sich nun zur Brauerei gehört, so kühn empfindet es Brauerei-Gründer Quadt rückblickend selbst, das Projekt Brauerei im quasi zweiten Lebensabschnitt zu stemmen. Mit dem Wunsch, der eigenen Biografie einen spannenden Twist und dem denkmalgeschützten Ort eine neue Bedeutung zu geben, ist an der Weisenauer Straße nach detailgenauer Renovierung eine kleine, feine Craft-Beer-Brauerei inklusive eines atmosphärischen Schankraums entstanden. Die an eine lange, fast schon ausgestorbene Mainzer Brau-Tradition anknüpft. Apropos Reinheitsgebot: Nicht alle Geschmacksrichtungen sind in dem lang gestreckten Gebäude von Braumeister Hans Wägner danach gebraut. Innovation und Tradition liegen nah beieinander. So können im Sudkessel neben Klassikern wie einem aus traditionellem Hopfen gebrauten Mainzer Pils auch ein untergäriges Lager Bier, ein Belgisches Wit mit Orangenaromen oder das Mystique, ein Weizen India Pale Ale, und andere flüssige Leckereien entstehen.

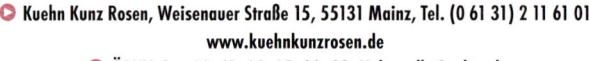
Kuehn Kunz Rosen, Weisenauer Straße 15, 55131 Mainz, Tel. (0 61 31) 2 11 61 01
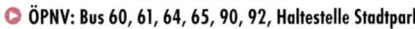
www.kuehnkunzrosen.de
ÖPNV: Bus 60, 61, 64, 65, 90, 92, Haltestelle Stadtpark

Total abgefahren

19 *Parkbähnchen fahren im Volkspark*

Tuuuut, tuuuuuuuut! Und schon ruckelt die im Sommer meist bis auf den letzten Platz voll besetzte Parkbahn mit Kosenamen „Lotte" mit den im Fahrtwind wehenden Fähnchen los. Mit ihren sechs Waggons legt das bunt-knuffige Wahrzeichen des Mainzer Volksparks auf den im Gras verlaufenden schmalen Schienen eine Strecke von rund 1,3 Kilometern zurück. Es gibt einen – eher unscheinbaren – Bahnhof, zugleich einziger Haltepunkt. Die kleine Parkeisenbahn rattert auf ihrer schmalen Fahrspur vorbei an Wasserspielen, dem Bistro Schwayer mit der dahinterliegenden Rollschuhbahn und einigen Spielfeldern, auf denen rege dem Ballsport gefrönt wird. Außerdem durchfährt die flotte Lotte ihre eigene, bohnenförmig in der Kurve am Südende des Parks gelegene kleine Garage nebst zugehöriger Werkstatt. Zu riechen ist der von den Grillwiesen herüberziehende Bratwurstduft und zu sehen die idyllische Minigolfanlage. Und schwups, nähert man sich wieder dem Spielgelände, wo erwartungsfroh viele weitere kleine und große Fahrgäste warten. Viel zu schnell ist die Zeit vergangen. „Noch mal! Noch mal!" hört man diejenigen rufen, deren Rundfahrt hier beendet sein soll.

Die Anfänge von Parkeisenbahnen liegen in England. Wohlhabende Adelige richteten in ihren ausgedehnten Anlagen Modelleisenbahnen zum Privatvergnügen ein. Der Boom schwappte von der Insel auf das Festland über und schon 1925 entwickelte eine Münchner Lokbauschmiede die erste deutsche Liliputlokomotive, die Besucher in offenen Wagenzügen quer durch einen Park chauffierte.

Das Mainzer Parkbähnchen dreht seit 1962 seine Runden im Park. Die detailgetreue Nachbildung eines konkreten Vorbildes scheint es nicht zu sein. Immerhin: Der eine oder die andere fühlen sich an eine Westernbahn erinnert. Voll besetzt, finden 54 kleine und große Menschen Platz. Und dass die Bahn bis zum heutigen Tag überhaupt noch unterwegs ist, dafür sorgt seit 1991 unermüdlich der oberste Lokomotivführer und Chef im Schmalspur-Ring des Volksparks, Aldo Zanardelli.

○ Parkeisenbahn „Flotte Lotte", Mainzer Volkspark, Göttelmannstraße, 55130 Mainz
○ ÖPNV: Bus 62, 63, 95, Haltestelle Volkspark

Wein auf der Bank

20 *Die wineBANK Mainz*

Hier oben, auf dem Mainzer Kästrich, hatte der Weinbau Tradition über Jahrhunderte hinweg. Doch war Mainz nicht nur Wein-, sondern im frühen 19. und 20. Jahrhundert auch Bierstadt. Die Altmünsterbrauerei, in deren einstigen Gewölben sich heute eine besondere Art von Bank, nämlich eine für den Wein, befindet, zählte zu den größeren Brauhäusern von Mainz. Erst zur Lagerung von Hopfen und Malz, später zum Brauen des Bieres wurden die Keller bis in das Jahr 1920 genutzt.

Heute geht es mit dem Aufzug hinunter in die Keller der ehemaligen Brauerei. Angekommen. Typisches Kelleraroma und sanfte Musik unterstreichen die Atmosphäre in den förmlich nach Geschichte riechenden Gewölben. Indirekt angeleuchtete Skulpturen, darunter die Büste Zuckmayers, flankieren den Weg durch die unterirdische Kasematten-Anlage aus den 1850er-Jahren. Ein perfekter Rahmen für die hinter Gittern ruhenden Weinflaschen. Doch der auf 296 Einzelfächer verteilte Wein soll hier weder allein glücklich sein noch ausschließlich gelagert werden. Direkt vor Ort darf, ja soll, verkostet und genossen werden. Bei der für Wein geeigneten Temperatur von 17 Grad lässt es sich auch für vinophile Besucher gut aushalten. Der Zugang zu dieser speziellen Bank ohne Schalter und Kontoauszugsdrucker ist theoretisch für jedermann möglich. Nur Mitglied muss man sein. Ganz privat geht es dann durch den eher unscheinbaren Eingang von der über der Stadt thronenden Kupferberg-Terrasse in die unterirdische Weinwelt.

Die wineBANK in Mainz ist einer wirklich ungewöhnlichen Geschäftsidee zu verdanken, entwickelt von dem Rheingauer Weingutsbesitzer Christian Ress. „Sesam öffne dich" heißt es hier und in den zehn weiteren wineBANK-Standtorten mit Club-Charakter erst, wenn die Member's Card durch das Kartenlesegerät freigeschaltet ist. Mit dieser haben Mitglieder und ihre bis zu vier Gäste nicht nur Zutritt zu einem architektonisch interessanten Ort wie in Mainz, sondern auch zu Weinlagern in anderen Metropolen der Erde.

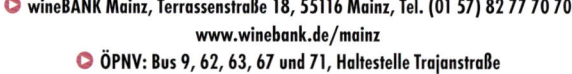

wineBANK Mainz, Terrassenstraße 18, 55116 Mainz, Tel. (01 57) 82 77 70 70
www.winebank.de/mainz
ÖPNV: Bus 9, 62, 63, 67 und 71, Haltestelle Trajanstraße

Ab nach Portugal!

21   *Der portugiesische Supermarkt Aveirense*

Portugal pur! Auch wenn es auf den ersten Blick ganz anders aussieht. Umgeben von Hochhäusern und einem Schulzentrum befindet sich ein kleines Einkaufszentrum im Stadtteil Mombach. Liebhaber dieses südlichen Landes können sich im hier befindlichen kleinen inhabergeführten Supermarkt Aveirense wie im Urlaub fühlen. Zur Einstimmung empfiehlt sich erst einmal ein aromatischer wie kräftiger, typisch portugiesischer Kaffee. Am besten natürlich mit einem frisch vor Ort hergestellten Gebäck. Wie wäre es mit einer „bola de Berlim" oder einer „fatia de chocolate"? Oder darf es etwas Herzhaftes sein? Besonders lecker sind die aus süßem Teig bestehenden „folhadas", gefüllt mit Schinken und Käse.

Auf rund 400 Quadratmetern Ladenfläche sind außer Köstlichkeiten der kleinen Bäckerei mit angeschlossenem Café auch Gemüse und Obst zu erhalten – und vermischen sich Düfte, wie man sie eben typischerweise aus Geschäften im Süden kennt. Je nach Jahreszeit werden Mandarinen und Orangen direkt aus Portugal, frische grüne Oliven, aber auch Maronen oder Maniok, eine ähnlich wie die Kartoffel zu verwendende Wurzelknolle, angeboten. In der Wurst- und Käsetheke sind von der „chouriço alentejano", einer Paprikawurst in unterschiedlichen Varianten, bis zur „morcela de Aveiro", der geräucherten Blutwurst, sowie im Land beliebte Käsesorten zu finden. Daneben stehen marinierte Oliven und die beliebten Lupinenkerne zur Auswahl. Eine besondere Rolle in der portugiesischen Küche spielt der „bacalhau". Freunde des mit viel Zeit und auch etwas Geschick zuzubereitenden Nationalgerichts haben hier an der Fischtheke in Bezug auf Qualität und Größe des mit reinem Meersalz gepökelten und getrockneten Kabeljau die Qual der Wahl.

In Sachen Wein ist der kleine Markt außerdem ein Geheimtipp. Das Weinregal ist mehrere Meter lang. Vom zu sommerlichen Gerichten passenden spritzigen „vinho verde" aus der Weinregion Alentejo bis zum kräftigen Roten aus der Topweinregion Portugals, dem Douro-Tal, reicht das Sortiment.

···

Aveirense, Am Lemmchen 31a, 55120 Mainz, Tel. (0 61 31) 8 92 91 66
ÖPNV: Bus 60, 61, 63, 92, Haltestelle Am Lemmchen

BACALHAU

BACALHAU CORRENTE
STOCKFISCH
HLK 1
1KG

BACALHAU CRESCIDO +
STOCKFISCH
HLK 1
1KG

BACALHAU GRAUDO
STOCKFISCH
HLK 1
1KG

BACALHAU
STOCKF
HLK
1KG

25 kg

Wo Wachs und Honig fließen

22 *Die soziale Stadtimkerei*

Ob Frankfurt, Paris oder New York. In den Metropolen dieser Erde boomt die Stadtimkerei. Und auch in Mainz wird inmitten der Stadt geimkert, was die Waben hergeben. „Wo Wachs und Honig fließen" lautet der Name des Orts und auch des Projekts, an dem nicht nur emsige Bienchen fliegen und einen köstlichen Stadthonig mit dem klangvollen Namen „Mombasa Royal" produzieren. Hier wird Menschen mit und ohne Beeinträchtigung in Theorie und Praxis ermöglicht, sich für imkerliche Aufgaben zu qualifizieren. Erfahrungen werden im künstlerischen Kontext reflektiert, wie Bilder und plastische Kunstwerke in den Räumlichkeiten an der Mombacher Straße zeigen.

So richtig idyllisch haben sie es auf den ersten Blick nicht gerade, die bis zu acht Bienenvölker an der Mainzer Lokhalle. Uneingeweihte werden gar vermuten, dass sich hinter dem blickdichten Zaun eher die Mülltonnen der Anlieger befinden. Und doch ist es geradezu ein kleines Paradies für den kleinen Immenstaat, der hier von der Sozialen Stadtimkerei, einem Projekt der Gesellschaft für psychosoziale Einrichtungen, mit Unterstützung von der Künstlergruppe finger betrieben wird. Im unter der Hochbrücke gelegenen Bereich der Bahngleise und in deren Umfeld geht es städtisch zu. Unbeirrt vom Verkehrslärm aber fliegen die Bienen in den Beuten, wie sich ihre künstlichen Behausungen nennen, ein und aus.

TIPP In der Wachsmanufaktur stehen auch in Handarbeit aus Bienenwachs hergestellte Produkte zum Verkauf.

Ihren Nektar holen sich die Honigbienen von begrünten Balkonen, wild wachsenden Pflanzen entlang der Gleise und in den Kleingärten der Umgebung. Zudem sorgen die im Projekt für die Dauer jeweils eines Jahres engagierten Teilnehmer auch selbst für Nahrung. Auf jedem zur Verfügung stehenden Erdstückchen werden sogenannte Bienenweiden, also Pflanzen, die bevorzugt von Honigbienen angeflogen werden, gepflanzt. Bei dieser Imkerei geht es nicht um die Produktivität. Jeder ist willkommen. Imkerei wird hier erlebbar gemacht. Denn Mensch, Natur und Stadt heißen die drei Elemente, die nur miteinander leben können. An diesem wunderbaren Ort finden sie zusammen.

🔴 **Wo Wachs und Honig fließen, Mombacher Straße 78, 55122 Mainz, Tel. (0 61 31) 3 04 58 11**
www.wowachsundhonigfliessen.de
🔴 **ÖPNV: Bus 78, 92, Haltestelle Alte Lokhalle**

Mündung mit Aussicht

23 *Die Mainspitze*

Unaufgeregt und leise wirkt er, der Main. Satte 527 Kilometer hat er hinter sich, wenn er hier, bei Mainz, in den Rhein fließt. Bis dahin hat er mehrmals die Richtung gewechselt, ist durch einige Bundesländer geflossen, an Mittelgebirgen und Weinbaugebieten vorbei und auch durch zahlreiche Städte. Immer wieder von Schleusen gebremst, kommt er nun gemächlich an den letzten beiden Ortschaften auf seinem langen Weg, Kostheim und Gustavsburg, vorbei und vermählt sich just in Höhe der Mainspitze mit dem Rhein. Der, in fast jeder Beziehung völlig im Gegensatz zu seinem längsten rechten Nebenfluss, unter der Mainzer Südbrücke zielstrebig mit reißender Geschwindigkeit an Mainz vorbeirauscht. Mit dem Main vereint strebt er unaufhaltsam weiter gen Nordsee. Ab und zu ist ein Zug von der nahen Eisenbahnbrücke zu hören, der Schiffsverkehr auf dem Rhein als wichtigster Wasserstraße Europas ist rege.

Und doch ist die Mainspitze in allererster Linie ein sehr entspannter Ort. Hierher geht es nur zu Fuß oder mit dem Rad. Ganz unmittelbar kann man ans Wasser heran. Und nach Lust und Laune mit den Füßen plantschen. Herumstehende blau verblichene Sitzelemente haben die Form der Wellen aufgenommen. Und die können mitunter unerwartet mächtig werden, Fracht- oder Flusskreuzfahrtschiffe haben im Mündungsbereich ordentlich zu manövrieren.

Der gestaltete Triangel wird von Wiesen und Bäumen im Hintergrund umrahmt, hier können die Gedanken in alle Richtungen schweifen. Immer wieder gleitet das Auge über Vater Rhein hinweg, magisch angezogen von der schönen Mainzer Silhouette. Besonders schön ist es hier im Sommer am Abend. Dann hat die Sonne ihr Tagwerk vollbracht und ist in einem langen Bogen von Osten in den Westen gezogen, wo sie hinter dem selbst von dieser Stelle noch mächtig wirkenden Dom mit seinen beiden Kuppeln hinter der Stadt versinkt. Und mit ihrem allerletzten Licht noch einmal den Rhein zum Schimmern bringt. Mit einem kleinen Picknick im Gepäck kann ein Tag kaum schöner ausklingen.

●●●

> **◗ Die Mainspitze befindet sich gegenüber von Mainz, am Zusammenfluss von Main und Rhein**
> **◗ ÖPNV: Bus 54, 55, 91, Haltestelle Am Alten Fährhaus (Ginsheim-Gustavsburg)**

52

Ruhe im Sandkieferwald

24 *Der Waldfriedhof in Mombach*

Vogelgezwitscher. Sacht bewegen sich die Kronen der mächtigen Sandkiefern im Wind. Unter ihnen haben seit dem Jahr 1921 schon viele Menschen ihre letzte Ruhe gefunden. Zwischen dem Naturschutzgebiet Großer Sand und dem Lennebergwald befindet sich der Mombacher Waldfriedhof. Der mit 26 Hektar größte Friedhof von Mainz ist Trauer- und Ruheort, aber auch Parkanlage. Seltene, geschützte Pflanzen, die den Weg aus dem angrenzenden Naturschutzgebiet hierher gefunden haben, sind zu entdecken. Menschen sitzen auf den Bänken im Schatten, halten inne, unterhalten sich oder gehen spazieren. Von der Friedhofskapelle aus führen Wege strahlenförmig durch Wiesen in alle Richtungen. Der Waldfriedhof wird außer von Hinterbliebenen besonders gern auch zur stillen Erholung aufgesucht.

Es ist ein Friedhof der Mainzer Gegenwart und das macht ihn zugleich so spannend. Kaum ein anderer Friedhof in der Stadt bildet die Gesellschaft und ihre sich verändernden Bedürfnisse so ab wie dieser. Hier ruhen unterschiedliche Kulturkreise in Frieden nebeneinander. Eine lange Tradition haben in Mombach die Grabstätten der Sinti und Roma. Muslime können nach islamischen Riten bestattet werden. Ihre Gräber sind nach Mekka ausgerichtet. Auf dem russischen Ehrenfeld erhebt sich ein im Auftrag der Alliierten errichtetes Natursteinmonument. Mehr als 3300 russische Kriegsgefangene sind hier bestattet. Über ihnen blühen Gänseblümchen.

Durch die zunehmende Abkehr von der traditionellen Erd- und hin zur Urnenbestattung sind neue Konzepte gefragt. Mit unterschiedlichsten Grabarten wird von der Stadt Mainz eine Vielzahl von neuen Bestattungsmöglichkeiten angeboten. Zu den beliebtesten zählen aktuell die jüngst geschaffenen Waldgräber. Der Gedanke, die letzte Ruhe im Waldboden unter einem Baum zu finden, ist für viele Menschen angenehm. Die Bestattungsfeier findet unter freiem Himmel auf dem Gedenkplatz statt. Geschaffen wurde er aus vom Waldfriedhof stammendem Holz.

● **Waldfriedhof Mainz-Mombach, Am Waldfriedhof, 55120 Mainz-Mombach**
● **ÖPNV: Bus 61, Haltestelle Waldfriedhof**

Ein Schöppchen in Ehren ...

25 Der Schoppestecher

Da steht es nun, das kleine Männlein, auf seinem Sockel. Gar wohlgelaunt erhebt es sein Schoppenglas und prostet den Vorbeieilenden zu. Es scheint nicht aus dieser Zeit. Das dicke Bäuchlein, der ganz und gar konservative Look inklusive des behüteten Kopfes lassen das vermuten. Und doch steht das kleine Bronzedenkmal von Heinz Schaubach hier am Rand der Schillerstraße unter den großen Kastanienbäumen seit dem Jahr 1962 in seiner Schlichtheit wie kaum ein anderes für die Mainzer Lebenslust und die ausgeprägte Liebe der Bewohner zum hiesigen Wein. Die Mainzer sind berühmt für ihre Weinstubenkultur. In den historischen Altstadtgassen rund um den Dom St. Martin liegen noch ein paar der traditionellen alten Weinhäuser, in denen unser Schoppestecher regelmäßig ab der Dämmerstunde eingekehrt sein könnte. Verabreden musste er sich dafür nicht. Ein Mainzer trifft im Weinhaus immer jemanden, den er kennt. Und sollte das ausnahmsweise einmal nicht so sein: Hier wird bei „Weck, Worscht und Woi" zusammengerückt, bis keiner mehr an den Tisch passt. Da kommt man schon zwangsläufig mit manch Unbekanntem ins weinselige Gespräch und geht nach ein paar gemütlichen Stunden ganz unverbindlich wieder auseinander. Auf ein nächstes Mal!

TIPP Neben dem „Schoppestecher" lässt sich ein besonders guter Schoppen in der Rheinhessen-Vinothek genießen.

Um den Namen unseres charmanten Männleins, des „Schoppestechers", besser zu verstehen, sollten wir einen kleinen Ausflug ins „Meenzerische", den Urdialekt der Mainzer, unternehmen. Einige Wortschöpfungen darin begegnen uns nämlich noch heute. Da ist erst einmal das typische Glas der Weinhäuser, die „Mainzer Stange": Zylindrisch in der Form ist sie im unteren Drittel gerieffelt, damit das schwere Glas, in das ja immerhin ein „Schoppe", also in Mainz 0,4 Liter eines guten Ausschankweines passt, nicht aus der Hand rutscht. Mit der markanten Nase sticht unser zechender Freund, der „Schoppestecher" in das sich nach und nach leerende Glas. Womit der Name des dicken Männleins, der auch für alle glücklichen Weintrinker gilt, die es ihm in dieser Stadt gerne gleichtun, erklärt wäre.

● Schoppenstecher-Standbild, Schillerstraße, 55116 Mainz
● ÖPNV: Bahn 50, 52 und 53, Bus 28, 54–57, 60–63, 90–92, 99, Haltestelle Schillerplatz

Einfach mal blaumachen

26 *Die Chagall-Fenster von St. Stephan*

Das Blau durchströmt den gesamten Kirchenraum. Nur die Facetten verändern sich. Die am Morgen im Osten stehende Sonne durchleuchtet die Fenster mit dem intensivsten Blau. Das den Chor und das Querschiff flutende Licht hat dann einen Farbton, wie man ihn vom Urlaub am Mittelmeer kennen mag. Nur kurz am Tag intensiviert sich das Licht von der Nordseite. Es ist dann ein anderes Blau, das den Raum füllt. Und die Kirche St. Stephan damit wiederum in neuem Licht erscheinen lässt.

Es sind die ab 1978 in den Ostchor eingebauten blauen Glasmalereien von Marc Chagall (1887–1985), die der im gotischen Stil erbauten Hallenkirche zu ihrer Bekanntheit verholfen haben. Der zuletzt in Frankreich lebende große Künstler jüdischer Herkunft mit weißrussischen Wurzeln, war bei der Umsetzung seines Entwurfs im Atelier regelmäßig dabei und hat die Schwarzlotmalerei auf Glas eigenhändig durchgeführt. Kaum zu glauben aber, dass der große Marc Chagall die über Mainz thronende Stephanskirche selbst nicht betreten hat. Die Bibel war ebenso seine Inspiration wie der Kontakt zu Monsignore Klaus Mayer, dem Mainz diesen einzigartigen Schatz zu verdanken hat. Mayer leitete von 1965 bis 1991 die Pfarrei von St. Stephan und konnte Chagall für die letzte große Arbeit seines Lebens gewinnen. Erst mit 98 Jahren hat Chagall die Arbeiten an den Fenstern für das Querhaus beendet.

Klaus Mayer ist heute selbst weit über 90 Jahre alt. Regelmäßig führt er Meditationen zu den Chagall-Fenstern durch. „Große Kunst ist immer überraschend einfach", meint er. Doch spricht er auch von der „Hoffnung und Lebensfreude", die von den neun Fenstern im Ostchor ausgehen. Und davon, dass sie keine andere Aufgabe haben, als „den Funken" überspringen zu lassen. Wer das Bedürfnis hat, einmal „blauzumachen", vielleicht sogar „ein blaues Wunder zu erleben" – oder sich einfach mal dem Himmel und dem Meer zugleich nah zu fühlen – hier ist es erlebbar. Denn Blau ist eine meditative Farbe, die eine besondere Ruhe ausstrahlt.

▶ **St. Stephan, Pfarramt Kleine Weißgasse 12, 55116 Mainz, Tel. (0 61 31) 23 16 40**
www.st-stephan-mainz.de
▶ **ÖPNV: Bahn 50, 52, 53, Haltestelle Am Gautor**

Pirouetten drehen im Weinberg

 27 *Die Eisbahn auf der Laubenheimer Höhe*

Eislaufen bietet gerade im Winter eine gute Gelegenheit ins Freie zu kommen und dabei frische Luft zu schnappen. Runde um Runde dahingleiten, dabei vielleicht auch noch eine tolle Aussicht genießen, das hat seinen ganz eigenen Reiz. Nun sind die Mainzer Winter ja oft mild und die Region ist eher flach: Insgesamt ist es mit dem Wintersport in oder rund um die Stadt nicht weit her. Ein regelmäßiger Lichtblick in den letzten Jahren ist da die Eisbahn auf der Laubenheimer Höhe geworden. Zwischen November und bis Februar wird hier quasi inmitten von Weinbergen, auf einem hoch über den Dächern von Mainz und Rheinhessen gelegenen Plateau, die „Winterwelt" des Hofguts Laubenheimer Höhe zum Schlittschuhlaufen aufgeschlagen. Auf der rund 500 Quadratmeter großen hauseigenen Freiluft-Kunsteisbahn drehen dann Könner Pirouetten, gleiten elegant auf einem Bein oder gar rückwärts, während eher Ungeübte gemütlich Runden im Kreis drehen. Für mutige Eislaufzwerge stehen kleine Pinguine bereit, die das erste Kurven auf dem Eis erleichtern. Mit der Zeit schöpfen sie Mut, lassen los und gleiten alleine ein paar Meter übers Eis. Wacklig. Doch meist auf den Beinen bleibend. Der Spaß steht im Vordergrund bei diesem Eislaufvergnügen. Schön ist es auch, dem winterlichen Treiben einfach zuzusehen. Mit einem dampfenden Glühwein oder Punsch in der Hand wird es dabei nicht so schnell kalt. Und darüber hinaus wird man hier, in fast 200 Metern Höhe, oft zusätzlich mit einer beeindruckenden Fernsicht über den Rhein hinweg und bis zur Skyline nach Frankfurt belohnt.

TIPP Eislauf ist nur im Winter möglich, ein schöner Spaziergang unterhalb des Hofguts über den Kleinen Mainzer Höhenweg jedoch das ganze Jahr! www.rheinhessen.de/kleiner-mainzer-hoehenweg-3

Das gesamte Drumherum macht die Eisbahn in Mainzer Höhenlage insbesondere dann zu einem beliebten Anziehungspunkt, wenn es so gar nicht Winter sein will. Rund um die Bahn aufgestellte Tannenbäume und Musik sorgen ebenso für winterliche Stimmung und gute Laune wie diverse, auf der Panorama-Eisbahn stattfindende Events.

● Hofgut Laubenheimer Höhe, Auf der Laubenheimer Höhe 1–3, 55130 Mainz, Tel. (0 61 31) 62 22 60, www.hofgut-laubenheimer-hoehe.de
● ÖPNV: Bus Linie 64, Haltestelle Hofgut Laubenheimer Höhe

Der Retro-Wasserspielplatz

28 *Das Planschbecken*

Planschen – das ist Kinderglück, sich im Wasser tummeln, herumspritzen, Sommer mit Wasser- oder Softeis. Der Ursprung dieses schöne Bilder im Kopf entstehen lassenden Wortes liegt übrigens im Französischen und lautet dort „plonger".

Der auf dem früheren Bastionsring der Stadt angelegte Grüngürtel ist eine Oase im Herzen der Stadt. Hier machen die Mainzer besonders gerne einen Spaziergang. Wuchtige Bäume mit mächtigen Kronen trennen das grüne Kleinod vom tosenden Verkehr und bieten zudem Schatten an heißen Sommertagen. Große Rasenflächen halten Platz zum Spielen bereit. Dort zig Autos pro Tag, hier spielende Kleinkinder, Jogger, die ihre Runden drehen. Und inmitten von viel Grün: das Planschbecken. Für Generationen von Mainzern war dieser Wasserspielplatz an warmen Sommertagen ein Muss. Natürlich gibt es hier heute auch Drehkreisel, Rutsche und die üblichen Klettergeräte. Das Besondere aber im Sommer sind von jeher die großen Wasserfontänen, die auf Knopfdruck aus den sechs fest installierten Sprengern ausgelöst werden und die große Freifläche in der Mitte in eine einzige große Plansch-Zone verwandeln. Im lang gezogenen Wasserbecken daneben können Schiffchen fahren, da lässt es sich gleichfalls spritzen und platschen.

Der Grundstein für das von den Anwohnern nur „Planschbecken" genannte Gelände wurde in den 1890er-Jahren gelegt. Der Mainzer Radsportverein 1889 errichtete an dieser Stelle ein sogenanntes Velodrom, eine Radrennbahn. Noch heute sind im Halbkreis der Rasenböschung die ehemaligen Steilkurven davon zu erahnen. Wegen der in der Nachbarschaft entstehenden Neubauten musste das Velodrom 1928 aufgegeben werden. Die Neugestaltung des Geländes erfolgte Ende der 1920er-Jahre durch Ottokar Wagler. Der Mitgestalter der Berliner Hufeisensiedlung war auch Gartendirektor in Mainz, wo er uns die bis heute erhaltene Pergola-Architektur mit Wasserbecken, Kiosk, Toilettenanlage und Spielbereich hinterlassen hat. Hier, am unmittelbaren Rand des Wasserspielplatzes, gab es früher das besagte Wassereis …

⊙ **Spielplatz Am Planschbecken, Am Fort Elisabeth (Agrippastraße/Drususwall), 55131 Mainz**
⊙ **ÖPNV: Bus 9, 62, 63, 67, 652, 660, Haltestelle Fichteplatz**

Schorle statt Stiche

29 *Die Rhoischnook*

Ein Leinpfad führt am Ufer entlang. Frachtschiffe waren hier einst mit Mensch oder Tier durch ein Tauwerk verbunden und wurden bis zum Aufkommen maschinengetriebener Schiffe flussaufwärts gezogen. Die Zeiten des Treidelns sind aber längst vorbei und aus dem am Rhein zwischen Mainz und dem Vorort Weisenau verlaufenden Weg ist ein schöner Rad- und Wanderweg geworden.

Die Geschichte der sogenannten Schnake – auf Latein Aedes vexans – gehört indes leider nicht der Vergangenheit an, sondern ist bis zum heutigen Tage aktuell. Mit dem Rhein blieb das Tierchen eng verbunden. Eigentlich verbirgt sich hinter der „Schnake" die ganz profane Stechmücke. Wegen ihrer Lebensweise wird sie zu den sogenannten Überschwemmungsmücken gezählt und beeinflusst je nach Witterung und Hochwasserhäufigkeit mehr oder weniger das Leben der Menschen, die entlang des Rheins leben. Die Auseinandersetzung mit den Plagegeistern erfolgt in den Rheinauen um Mainz einerseits durch die konkrete Bekämpfung der enorme Populationszahlen erzeugenden Mücke. Und andererseits – und das ist sicher die glücklichere Alternative – mit dem Besuch des kleinen Ausfluglokals, dessen Bezeichnung kaum mehr Bezug zum Thema haben könnte: Es trägt den einfachen wie schlichten Namen „Rhoischnook" – meenzerisch für „Rheinschnake". Der Kiosk aus den 1950er-Jahren hat sich im Lauf der Jahrzehnte gemausert. Hier, unmittelbar am Wasser, zwischen Leinpfad und Rhein, verkehren heute Stammgäste, Radler und Wanderer. Im Sommer lässt es sich im kleinen Biergarten oder auf der wie ein Schwalbennest am Häuschen klebenden charmanten Terrasse mit unverstelltem Blick auf den Fluss gut aushalten. Bei niedrigen Temperaturen geht es in die kleine Kneipe. Das kulinarische Angebot ist bodenständig, die Auswahl reicht von Spundekäs' über Nudelsalat bis zu Bratwurst und Pommes. Der Wein stammt von einem Weingut aus dem benachbarten Stadtteil Laubenheim. Und statt eines Stichs holen wir uns hier lieber eine schöne Schorle.

· ·

Rhoischnook, Am Leinpfad 2, 55130 Mainz, Tel. (01 57) 84 56 80 04
ÖPNV: Bus 60, 61, 63, 92, Haltestelle Zur alten Portland

Diskretion im Separee

 Der Friseursalon Bauer

„Einmal Fassonschnitt, bitte" wünschten nur die Herren im Friseursalon Bauer. Denn damals trug man Wasserwelle. Haarteile waren in. Und das Thema Haarefärben war sowieso schon immer ein großes Thema. Während solcher Prozeduren wollte man nicht unbedingt gesehen werden. Damals nicht und heute eigentlich auch nicht unbedingt. Es reicht schließlich, wenn es der Hand anlegende Coiffeur tut. Und auch nicht alle Gespräche sind für jedes Ohr bestimmt. Schließlich löst der Kontakt zwischen Friseur und Kundin schnell die Zunge. Womit eine Behandlung im Salon nicht nur der Frisur, sondern auch mancher Seele guttut.

Im Mainzer Salon Bauer scheint die Zeit ein Stück stehen geblieben zu sein. Drei Generationen parallel sind hier aktuell Typ- und Trendberater, Kreative und Handwerker in einer Person. Marie, die Tochter des Hauses, hat jüngst ihre Meisterprüfung bestanden. Unterstützung unterhält sie von den Eltern Elke und Jürgen sowie den Großeltern Waltraud und Bert Falkenstein.

Im Jahr 1887 wurde der Salon unweit des jetzigen Standorts gegründet. Geblieben sind aus dieser Zeit nicht nur die ausgeprägte Liebe zu Kamm und Schere, sondern auch ein besonderes Faible für die Tradition. Und diese Liebe beginnt beim in der Dunkelheit gelb aufleuchtenden Retro-Schriftzug über dem Schaufenster. Und geht weiter mit den wie Perlen auf der Schnur aneinandergereihten Separees. Jedes für sich mit golden glänzenden Details und einzelnen Waschbecken, in heute wieder hip gewordenen Farben Rosé, Bleu und Mint ausgestattet. Der Thekenbereich ist neueren Datums, aber nur für den, der es weiß. In einer Zeit, als andere Salons gläsern und Kunden für vorbeilaufende Passanten sichtbar wurden, hat man im Salon Bauer den Empfangsbereich in Anlehnung an die Original-Möblierung von 1950 neu produzieren lassen. Und weiter auf die besondere Diskretion der Kabine – in früheren Jahren übrigens noch mit Vorhang hinter der Kundin oder dem Kunden ausgestattet – gesetzt. Was für ein großes Glück.

TIPP *Pizza im ältesten italienischen Restaurant von Mainz, im Como Lario, Neubrunnenstraße 7, genießen!*

Salon Bauer, Neubrunnenstraße 14, 55116 Mainz, Tel. (0 61 31) 22 33 89
ÖPNV: Bus 9, 67, 68, 76, 92, Haltestelle Neubrunnenstraße

Wo der Weingott wohnt

31 *Der Bacchus-Brunnen*

Ein Hauch von Frankreich liegt in der Luft. Die Atmosphäre im Höfchen mitsamt dem Weingott Bacchus mag manchen Besucher an ein Schlösschen in der Champagne erinnern. Und tatsächlich hat sich hier einst die „Fabrication moussierender Weine" eines gewissen Christian Adalbert Kupferberg (1824–1876) befunden. Bereits Anfang des 19. Jahrhunderts wurden in Deutschland erste Sektkellereien nach dem Vorbild der Champagne gegründet. Mit dem Aufbau seiner Sektkellerei ab 1846 war Kupferberg Teil der Entwicklung und schuf 1852 im Laubenheimer Weingut Marienhof eine der ersten, bis heute bekannten Sektmarken, nämlich Kupferberg Gold. Der bald einsetzende Erfolg ließ die Keller in dem Mainzer Vorort schnell zu eng werden. Zur rechten Zeit erfolgte da die Entwicklung eines Gewerbegeländes innerhalb der Festung Mainz, dem bis dahin mit Reben bepflanzten Kästrich.

Und wie der Sekt hier einst prickelte, so plätschert und sprudelt das Brünnlein unter dem Kopf des Weingotts mit seiner verschmitzten Mimik heraus ins türkisgrüne Innere des kleinen Bassins. Erfrischung, Ruhe und Kühle sind zu spüren. Die ersten Kameras werden gezückt. Zu verführerisch ist das so eindringlich dargestellte Konterfei des Weingottes schlechthin. Ein perfekter Hintergrund fürs Gruppenfoto.

In Mainz gibt es übrigens so einige Bezüge zu der weinbekränzten Figur. So befindet sich das Hauptanbaugebiet der Rebsorte Bacchus in der Mainz umgebenden Weinanbauregion Rheinhessen. Die daraus gewonnenen hellgelben Weißweine gelten als fruchtig und aromatisch. Und die inmitten der Mainzer Altstadt befindliche Weinstube Bacchus hat ihren Namen ebenfalls dem Gott des Weines und des Rausches in der griechischen Mythologie entlehnt. Viele große Meister der Malerei haben sich mit Bacchus beschäftigt, Tizian ebenso wie Leonardo da Vinci und Michelangelo. Hier nun, im Innenhof der einstigen Sektkellerei Kupferberg, bildet er den viel beachteten Mittelpunkt als Teil des kleinen Brunnens.

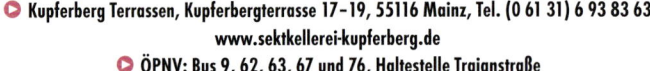

● Kupferberg Terrassen, Kupferbergterrasse 17–19, 55116 Mainz, Tel. (0 61 31) 6 93 83 63
www.sektkellerei-kupferberg.de
● ÖPNV: Bus 9, 62, 63, 67 und 76, Haltestelle Trajanstraße

Wilde Augenblicke

32 *Der Wildpark in Gonsenheim*

Elefanten, Nashörner und Zebras werden uns auf dem kleinen Rundweg durch den Gonsenheimer Wildpark sicher nicht begegnen. Dafür ein sich glückselig in der Schlammsuhle räkelndes Blondes Mangalitza (Wollschwein), herumstolzierende Zwerg-Phönixe oder zutrauliche Waldziegen. Insgesamt 18 Arten mit rund 150 Tieren sind in den Gehegen unterschiedlicher Größe und Ausstattung am Rand des Lennebergwaldes zu Hause. Der Wildpark ist bei Generationen von Mainzern Programm und vor allem bei Familien mit Kindern beliebt. Oft haben die neuen kleinen Mainzer Erdenbürger hier ihr allererstes Zusammentreffen mit der heimischen Tierwelt erlebt, ein erstes Mal Lämmer, Ferkel und Rehkitze gesehen und diese dann, im fortgeschrittenen Kindesalter, mit Pellets aus grünweißen Packungen vom Futterautomaten füttern dürfen. In der Natur der Sache liegt, dass das mit rund 30.000 Quadratmetern nicht sonderlich große Gelände dann erst einmal in den Hintergrund gerät. Bis zu dem Zeitpunkt, an dem man plötzlich nach Ausflugsideen für den eigenen Nachwuchs sucht – und wieder ganz nostalgisch auf eben jenen nun schon seit rund 70 Jahren bestehenden Wildpark zurückkommt. Wie schön, denkt man dann, dass es das in den 1950er-Jahren von der Jägerschaft Gonsenheim gegründete und zuerst nur mit Hirschen und Wildschweinen eingerichtete Gehege immer noch gibt!

Längst wurde das Gehege von der Stadt Mainz übernommen. Vom Förderverein Wildpark Mainz-Gonsenheim e.V. unterstützt hat sich der Bestand seit den 1970er-Jahren stetig erweitert, der Park betreibt mittlerweile auch die Nachzucht von Tierrassen, die vom Aussterben bedroht sind. Ansonsten punktet er bei den Mainzern mit dem bis zum heutigen Tag freien Eintritt und natürlich auch mit den besonderen Öffnungszeiten: So sind Meerschweinchen, Kaninchen, Waschbär, Wildkatze & Co. an 365 Tagen im Jahr und rund um die Uhr zu bewundern. Einzig der Minizoo, in dem sich Tiere aus nächster Nähe beobachten lassen, hat Öffnungszeiten zwischen 10.30 und 16 Uhr.

....

Wildpark Gonsenheim, Parkplatz Kirchstraße 87, 55124 Mainz
www.wildpark-mainz.de
ÖPNV: Bus 6, 62 und 92, Haltestelle Wildpark

Bier am Neustadt-Büdchen

33 *Treffpunkt Eulchen Bier*

Ohne Büdchen kein Büdchen-Bier. In diesem Fall: kein Eulchen Bier! Der kleine Platz, auf den die Boppstraße und der Kaiser-Wilhelm-Ring in der Mainzer Neustadt zulaufen, hat keinen eigenen Namen. Gute Orientierung bietet die rege von Bus und Tram sowie ein-, aus- und umsteigenden Menschen frequentierte Haltestelle mit Namen „Lessingstraße". Und natürlich das Büdchen selbst: Es hat diesen Ort inmitten des hippen Stadtteils als kleinen Dorfplatz (wieder-)auferstehen lassen. Nachdem die letzte historische Trinkhalle von Mainz hier mehrere Jahre ein trauriges Dasein fristete, ist unter den hohen Platanen seit September 2014 neues Leben eingezogen. Hier treffen Studenten mit Ur-Neustädtern aufeinander, holen Nachbarn ihr Feierabendbier und hier gibt's auch die berühmte bunte Tüte. Wie es sich für einen Kiosk gehört!

Eigentlich war für die Bachelor-Thesis von Philipp Vogel und Leonidas Lazaridis nur das Design einer Biermarke geplant. Doch beiden war klar: Der Inhalt muss zur Gestaltung passen. Und so ist kurzerhand das erste gemeinsame Bier entstanden: ein kräftiges, würziges Märzen. Zum Bier passend und um die alte Mainzer Bierkultur zu würdigen, entwickelten die damaligen Studenten die Marke „Eulchen". Ein stolzes wie nachtaktives Tier, das sich sogar im Stadtteilwappen befindet. Alles in allem war die Entwicklung des Produktes ein voller Erfolg – und das Projekt

TIPP Die Trinkhalle ist von Anfang April bis November geöffnet. Die Termine stehen im Internet.

Studium damit beendet. Das Thema Bier jedoch blieb im Fokus. Hatten die beiden doch eine ungeahnte Nachfrage geweckt. Und die wurde bald von der flugs zu neuem Glanz verholfenen Trinkhalle bedient. Die Bierfamilie hat sich längst um ein herb-würziges Helles, ein fruchtiges Weißbier und das herb-süße Eulchen Bock erweitert. Und auch die kleine Trinkhalle füllt nicht mehr alleine das Portfolio der Start-up-Gründer. Seit einigen Jahren bespielen sie den Schlossbiergarten, haben die Altstadtkneipe Klingelbeutel übernommen – und brauen ab 2019 ihr Bier in den historischen Hallen der früheren Kupferberg-Sektkellerei.

● Trinkhalle Eulchen Bier, Kaiser-Wilhelm-Ring 54a, 55118 Mainz, Tel. (0 61 31) 4 81 46 21
www.eulchen-bier.de
● ÖPNV: Bahn 50, 51, 59, Bus 60, 61, Haltestelle Lessingstraße

Insel zwischen Stadtteilen

34 *Das Gonsbachtal*

Glasklar wirkt das Wasser des Bächleins, das sich durch die feuchten Wiesen sanft seinen Weg bahnt. Am Anfang des grünen, zwischen Hartenberg und Gonsenheim gelegenen Tals kommt es an der Nonnenwiese wieder zum Vorschein. Von Finthen her schlängelte sich der kleine Bach bereits durch Gemüsefelder und Kleingärten im vorderen Gonsbachtal. Dann, unterhalb des Hartenbergs, ist dank der Befreiung des Bachs aus dem ehemals betonierten Korsett eine wunderbare grüne Insel entstanden, die zum Naherholungsgebiet für die Mainzer geworden ist. Und für die Flora und Fauna zum wichtigen Rückzugs- und Ausbreitungsgebiet. So sind in dem einst landwirtschaftlich genutzten Tal heute wieder die Gelbe Wasserschwertlilie und Sumpfdotterblume, die weiß blühende Brunnenkresse oder der rote Blutweiderich zu entdecken. Kleine Fische flitzen gut sichtbar im flachen Wasser umher, an den Ufern leben in der Auenlandschaft Wasseramseln, Graureiher und Enten. Im Tal verlaufen Wege, die rege von Spaziergängern, Joggern und Fahrradfahrern genutzt werden. Über das Bächlein führende Brücken erlauben schöne Rundwege. Weil der Gonsbach bei Regen schnell anschwillt, wurden naturnah gestaltete Überflutungsflächen angelegt, wo sich das Wasser ausdehnen kann und eine für Auen typische Vegetation mit mächtigen Weiden und anderen Weichhölzern entstanden ist.

Wer dem Gonsbach bis zu seiner Mündung in den Rhein folgen möchte, tut das von hier aus am besten mit dem Rad. Parallel zu dem dann größtenteils wieder unterirdisch verlaufenden Bachlauf geht es in Richtung Innenstadt, in die Mainzer Neustadt. Über die Straße Am Zoll- und Binnenhafen radelt man dem Rhein entgegen. Dunkel und schwer auf der Kaimauer am Wasser gelegen, befindet sich das Hochwasserpumpwerk der Stadt Mainz. Wer zum Rhein hinabsteigt, dem offenbart sich eine interessante Perspektive. Genau hier, im Schatten der Kaiserbrücke, am nordwestlichen Rand des Zoll- und Binnenhafens, vermählt sich das Bächlein mit dem großen Fluss.

....

◗ Das Gonsbachtal ist gut erreichbar von der Bahnhaltestelle Gonsbachgärten, 55124 Mainz
◗ ÖPNV: Bahn 50, 51, Haltestelle Gonsbachgärten

Wein am Rhein

35 *Der Mainzer Weinsalon*

„Mainz ist ein Dorf" lautet ein geflügelter Spruch unter Einheimischen und tatsächlich scheint es so, als kenne fast jeder den anderen. Gut gelauntes Stimmengewirr, Livemusik, leckeres regionales Essen und klingende Weingläser finden beim Mainzer Weinsalon unmittelbar am Rhein aufs Schönste zusammen. Es ist ein kleines Fest mitten im Alltag, vor dem Brückentor in Nachbarschaft des Hilton-Hotels. Viele kommen spontan vorbei, das Publikum ist bunt gemischt. After-Work eben.

Die Erfrischung an warmen Sommerabenden kommt vom Fluss, aber auch vom großen, runden Brunnen mit seiner hohen Fontäne. Die Plätze auf dem breiten Beckenrand im Schatten des Kurfürsten-Zyklus und von Überresten der historischen Rheinkehlbefestigung sind begehrt und der Rheinhessenwein im Glas schimmert in der Sonne. Der Mainzer Weinsalon ist seit seiner Entstehung im Jahr 2009 ein beliebter Treffpunkt, der fest im Kalender der Mainzer steht.

Der Standort ist auch die perfekte Bühne für den Wein, der ausschließlich aus Rheinhessen stammt und von den jungen Winzern, die ihn produzieren, höchstpersönlich ins Glas geschenkt wird. Das linksrheinisch gelegene Weinbaugebiet Deutschlands umrahmt quasi die Stadt. Es ist nicht nur das größte, sondern gilt dank seiner jungen, dynamischen Winzergeneration auch als das innovativste Weinanbaugebiet in Deutschland.

TIPP Die After-Work-Party am Rhein findet jeden ersten Dienstag in den Monaten April bis September statt.

Schwer vorstellbar: Ist heute Wein aus Rheinhessen in der Stadt längst etabliert, war das vor wenigen Jahren noch anders. Hinter der Gründung des beliebten Events steckte nämlich der Wunsch einiger Jungwinzer, den Wein aus dem „Hinterland" von Mainz in der Stadt selbst bekannter zu machen. Mission geglückt, kann man sagen! Gut ein Jahrzehnt später verknüpft der Nachwuchs aus immerhin 20 rheinhessischen Weingütern seine frischen Ideen rund um den Wein. So hat der Mainzer Weinsalon mittlerweile einen Ableger im Hof des Mainzer Landesmuseums und ist sogar im hessischen Darmstadt angekommen. Besonders glücklich macht aber die Kulisse des Rheins.

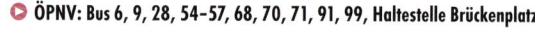

Mainzer Weinsalon, Rheinstraße 68, 55116 Mainz
www.mainzer-weinsalon.de
ÖPNV: Bus 6, 9, 28, 54–57, 68, 70, 71, 91, 99, Haltestelle Brückenplatz

Im Blumenrausch bei Sophia

36 *Die Blumenboutique Floral Design*

Es ist diese kleine blühende Landschaft vor den Schaufenstern, die einen vom Platz vor dem Dom weg und damit förmlich in den Laden hineinzieht, in den kleinen blühenden Concept Store von Sophia Kern. Den Mittelpunkt des Geschäfts bildet ein langer Tisch: Ein dichtes wie buntes Miteinander unterschiedlichster Formen und Farben vereint sich zu einem homogenen blühenden Arrangement, das so zufällig wie gekonnt zusammengestellt wirkt. Statt von „Floristenhandwerk" spricht die junge Gründerin lieber von „Floral Design" und hat ihrem im November 2017 eröffneten Geschäft auch gleich den entsprechenden Namen gegeben. Gewöhnliche Blumensträuße werden hier nicht gebunden. Sophia bricht als gelernte Floristin das floristische Regelwerk auf und orientiert sich an der Natur, die sie nur leicht gezähmt in die Vase bringt. Die Natürlichkeit liegt ihr am Herzen. So fusionieren auf der großen Blumentafel große rosa Hortensienblüten mit dunkelroten Blutsköpfchen, finden sich die filigranen lila Blütendolden des Zierlauchs wagemutig kombiniert mit exotischen Lotusblüten und heimischem Gartenfuchsschwanz. Duftrosen harmonieren mit den leicht haarigen Blättern des Silberblatts. Zum perfekten Geschenk wird die gebundene Kreation mit der passenden Vase, einer Duftkerze oder anderen schönen, in hohen Regalen übersichtlich dekorierten Dingen. Die wenigen Topfpflanzen, die es hier gibt, sind klein und unkompliziert. Dem großen Trend zurück in die heile Welt der Fünfzigerjahre folgend wirken Monstera, Farne und Sukkulenten eher wie ergänzende Deko und setzen doch dem hier praktizierten urbanen Green Lifestyle das Krönchen auf. Da ist es nur logisch, dass sich besonders Brautpaare von diesem Ambiente angezogen fühlen. Brautsträuße und die Ausstattung von Hochzeiten sind somit ein weiteres großes Steckenpferd von Sophia Kern. Die gemütliche Ecke mit Sofa, Kaffeemaschine und inspirierenden Magazinen ist der passende Rückzugsort zur Besprechung solch besonders beglückender Themen.

● **Sophia Kern Floral Design, Leichhof 24, 55116 Mainz, Tel. (0 61 31) 6 96 94 94**
www.sophiakern.de
● **ÖPNV: Bus 28, 54–57, 60–65, 68, 70, 71, 90, 91, 99, Haltestelle Höfchen**

Ein Dorf in der Stadt

37 *Die Fichtesiedlung*

Die Fichtesiedlung befindet sich in der Oberstadt. Umbraust vom Verkehr von allen Seiten wird sie von Vorbeifahrenden kaum als geschlossenes Wohnquartier wahrgenommen. Durch vier Zugänge gelangt man hinein. Und ist überrascht über die schlagartige Ruhe. Über die unerwartet großen Grünflächen mit den gespannten Wäscheleinen. Die schon von außen gemütlich wirkenden, rund 270 Wohnungen mit ihren kleinen Loggien. Die kleinen, verspielten Details in der Baudekoration der Hauseingänge. Aber: Weit und breit ist hier keine Fichte zu sehen. Der Name des in seinen Bauplänen schlicht „Wohnsiedlung am Fichteplatz" genannten Quartiers stammt nämlich von dem Philosophen Johann Gottlieb Fichte (1762–1814) ab.

In der Oberstadt von Mainz befinden sich einerseits die ältesten Wurzeln der Stadt. Schon vor über 2000 Jahren gründeten die Römer auf diesem Gebiet ihr Legionslager und begründeten damit den Ursprung von Mainz. Andererseits ist die Oberstadt eines der jüngeren Wohngebiete. Nach der ersten nordwestlichen Stadterweiterung der 1870er entstand ein großer Teil der Oberstadt erst zu Beginn des 20. Jahrhunderts auf dem Gebiet von einstigen Festungsanlagen. Das Planungskonzept für die Süderweiterung von Mainz, zu der auch der Mainzer Grüngürtel gehört, wurde 1908 von Friedrich Pützer (1871–1922) entwickelt. Ein bunt gemischtes, aber von Grün durchzogenes und hochattraktives Mainzer Wohngebiet ist daraus entstanden.

So bietet auch die zwischen 1925 und 1928 als Gemeinschaftsprojekt von Stadt und Reichsbahn entstandene trapezförmige Wohnanlage An der Philippsschanze und Fichteplatz, zwischen Pariser Straße und Oberer Zahlbacher Straße gelegen, viel Grün. Kein Wunder. Denn nach Ende der Festungszeit war den Mainzern nach Licht und Luft. Ein Gedanke, der den hier quasi mitten in der Stadt lebenden Menschen bis heute zugutekommt. Zudem die das Quartier umgebende Infrastruktur aus kleinen Läden, Post, Metzger und Bäcker stimmt. Ein echter Glücksort inmitten der Stadt also!

⚫ Fichteplatz, 55131 Mainz
⚫ ÖPNV: Bus 9, 62, 63, 67, 652, 660, Haltestelle Fichteplatz

Sakral, mystisch und golden

38 *Der Domschatz in der Nikolauskapelle*

Es ist golden, es schimmert, es glitzert. Über Jahrhunderte hinweg galt er als eine der Kostbarkeiten des Abendlandes. Der Domschatz von Mainz spiegelte die Position des Mainzer Erzbistums, das die größte und bedeutendste Kirchenprovinz nördlich der Alpen war. Denn die Mutterkirche des Erzbistums war auf das Prächtigste mit kostbaren liturgischen Geräten ausgestattet. Goldene Kelche, silberne Rauchfässer und mit Edelsteinen besetzte Kruzifixe konkurrierten mit der Pracht der bischöflichen Insignien. Die ganze Fülle des alten Domschatzes ist in zwischen 1250 und 1803 angefertigten Inventaren verzeichnet. Als wichtigster Schatz werden darin allerdings nicht kostbare Wandbehänge und mit Edelsteinen besetzte Mitren, sondern Reliquien, also Überreste von heiligen Personen, genannt.

Der Spaziergang durch den stimmungsvollen Kreuzgang des altehrwürdigen Mainzer Doms zum Eingang des Dommuseums stimmt bereits auf den Besuch der Domschatzkammer ein. Im Museum selbst liegt der kleine Zugang in die aus dem 15. Jahrhundert stammende Nikolauskapelle mit ihrer Sakristei etwas versteckt. Die dezent ausgeleuchteten Kirchenräume beherbergen Teile des heutigen Domschatzes und damit auch ein wichtiges Stück Mainzer Geschichte. Die wertvollen Stücke sind den sieben Sakramenten zugeordnet und stehen für die besonderen Momente im Leben eines Christen. Der prachtvolle Colmarmantel ist dem Sakrament der Ehe zugeordnet, weil er von einem Hochzeitskleid der Gattin Napoleons, Kaiserin Josephine, abstammt. Zu bestaunen ist übrigens auch eine von Napoleon persönlich gestiftete Messgarnitur. Fieber? Nein, das hatte der Domschatz bestimmt nicht. Auch wenn es die einer Fieberkurve ähnelnde Grafik in der Sakristei der gotischen Nikolauskapelle vermuten lassen könnte. Dargestellt ist am Eingang zur Domschatzkammer lediglich, zu welch schier unermesslicher Größe der Domschatz einst gewachsen – und dem Bistum im Lauf der Geschichte auch wieder entschwunden ist.

....

🔹 **Bischöfliches Dom- und Diözesanmuseum Mainz,** Domstraße 3, 55116 Mainz, Tel. (0 61 31) 25 33 44
www.dommuseum-mainz.de
🔹 **ÖPNV:** Bus 28, 54–57, 60–65, 68, 70, 71, 90, 91, 99, Haltestelle Höfchen

Urbane Frühstücksfreuden

 39 *Das Krokodil auf dem Sömmeringplatz*

Das Krokodil am Eingang lässt den Spirit des alten Eckladens noch erahnen. Denn die grüne Echse ziert die Etiketten eines Bieres, das hier früher zu alten Kneipenzeiten über die Theke ging. Diente das nette Lokal einst ausschließlich als Eckkneipe im Quartier, ist hier heute auch die reine Frühstückslust zu Hause. Dampfender Kaffee, frisches Obst, leckere Dinge vor sich auf großen Tellern und liebe Menschen wie die beste Freundin oder gleich die ganze Familie neben sich – so lautet das perfekte Rezept für die erste Mahlzeit des Tages. Hierher kommt man offensichtlich auch besonders gerne frühstücken, wenn die Eltern zu Besuch sind. Und kann die ideale Lage gleich zum Ausgangsort für einen ausgedehnten Entdeckungsbummel durch die Neustadt oder einen Spaziergang an den Rhein machen.

Wie gut also, dass es im Krokodil heute wieder die legendär zu nennenden Frühstückskreationen aus der guten alten Szenekneipe „Fizbah" gibt. Die Auswahl ist groß wie in alten Zeiten und neben leckeren Klassikern kann es frühstückmäßig auch schon mal um die Welt gehen. Viele kommen wegen der Spezialitätenteller, die von Italien bis nach Kanada führen. Zum Beispiel. Oder von Frankreich über den Orient nach Moskau. Auch nur zum Beispiel. Wer es leicht und gesund will, wählt das Wellness-Frühstück. Und wird trotzdem satt. Dass hier ganz viel Liebe drinsteckt, sieht und schmeckt man. Die Pfannkuchen mit Ahornsirup sind deswegen mindestens ebenso beliebt wie die Blinis oder mit Kräutern und Schafskäse gefüllte Lawasch und können ebenso wie das gekochte Bio-Ei oder der Avocadosalat mit Garnelen einzeln bestellt werden. Und dann muss man nur noch entscheiden, ob man drinnen in der rustikalen Kneipenatmosphäre oder draußen auf dem Sömmeringplatz das urbane Neustadt-Feeling genießen will. Es ist sozusagen der „Place zum Frühstücken" im Stadtteil – an dem es denkbar entspannt zugeht. Kredenzt wird das Frühstück täglich von 10 bis 15 Uhr. Am Wochenende sollte man aber unbedingt reservieren.

TIPP Ab 17 Uhr wird das Krokodil zur Kneipe!

Krokodil, Neckarstraße 2, 55118 Mainz, Tel. (0 61 31) 67 66 83
www.krokodil-mainz.de
ÖPNV: Bus 62, 63, 67, 92, Haltstelle Sömmeringstraße

Trödel(n) unter Platanen

 Der Krempelmarkt am Rhein

Messfremde nennen ihn meist „Flohmarkt". Das ist ja auch der gebräuchlichere Ausdruck für das, was sich seit den 1970er-Jahren jeweils von April bis Oktober, immer am ersten und dritten Samstag im Monat, am Rheinufer in Mainz abspielt. Bleibt man bei dem Begriff, gibt es davon in der Stadt einige. Dieser hier aber hat die schönste Tradition. Für die Mainzer selbst ist es schlichtweg der „Krempelmarkt". Eine Besonderheit ist sicher, dass es sich um den größten, nicht kommerziellen Flohmarkt im gesamten Rhein-Main-Gebiet handelt. Ansonsten ist das Prinzip „Krempelmarkt" einfach und mit dem des klassischen Flohmarkts identisch: Wer zuerst kommt, mahlt zuerst. Und: Was weg ist, ist weg. Denn im Angebot sind Unikate, oft Relikte aus einer längst vergangenen Zeit. In Zeiten von Konsum und Überfluss wirkt der Krempelmarkt selbst wie ein Überbleibsel aus der Vergangenheit. Und erfreut sich doch steigender Beliebtheit. Es ist eine uralte Handelstradition mit einfachen Regeln, die sich hier am idyllischen Rheinufer, zwischen Kaisertor und Rotem Tor, abbildet. Hier hängen die Angebote schon mal in den Ästen der Schatten spendenden Platanen. Und nirgendwo in Mainz kommen sich Käufer und Händler näher. Feste Preise gibt es nicht, im Gegenteil: Handeln ist erwünscht. Wie auf einem mittelalterlichen Markt kommt hier beim Feilschen um den Preis das älteste Marktprinzip der Erde zum Einsatz. Verkauft werden Dinge von Privatleuten, die durch ein oder mehrere Paar Hände gegangen sind. Nippes und Nützliches lautet das Motto, das es so spannend macht, hier entlangzuschlendern. Nie weiß man, was einen erwartet: Porzellangeschirr mit Goldkante? Ein altes Telefon? Beim nächsten Mal kann wieder alles anders sein. Die Preisspanne hält sich dabei generell im Rahmen. Während manche Dinge schon für wenige Cent zu haben sind, werden echte antiquarische Schätze hier nicht unbedingt angeboten. Dafür gibt es andere Plätze. Hier ist das Glücksgefühl inklusive, hat man ein echtes Schnäppchen gemacht.

TIPP
Zwischen der Theodor-Heuss-Brücke und dem Roten Tor findet parallel der Kinderflohmarkt statt.

Krempelmarkt am Rheinufer Mainz, zwischen Kaisertor und Rotem Tor, 55116 Mainz
ÖPNV: Bus 6, 9, 28, 54–57, 68, 70, 71, 91, 99, Haltestelle Brückenplatz

Wo Hans sein Glück findet

41 *Das Galli Theater in Gonsenheim*

„Doch Glück kaufen, das kann man nicht, ob großer König oder kleiner Wicht, Das Glück schaut nur bei dem herein, der dafür auch ganz offen ist …" Wer eigentlich könnte sich besser auskennen in Sachen Glück als der berühmte Hans aus dem Märchen? Er macht es sich einfach: Weder mag er seinen Lohn für sieben Jahre Arbeit, einen schweren Goldklumpen, tragen noch das dafür eingetauschte Pferd bändigen oder die Kuh, das Schwein und die Gans zähmen. Aller Besitz und die damit verbundene Mühe sind ihm lästig. Aber merkwürdig … Je weniger er letztendlich hat, desto froher wird er! Und auch wenn er ständig übers Ohr gehauen wird, ist er nie enttäuscht. Hans ist einfach nicht zu betrügen. Als märchenhafte Figur scheint er damit nicht von dieser Welt, wenn er bei der Vorstellung im kleinen, kuscheligen Galli Theater singt: „Hoppla, holla, die Welt meint es doch gut mit mir. Was ich nicht brauch', das nimmt sie mir, und was ich mir wünsch', das gibt sie mir …" Die Geschichte vom erfolgreich gescheiterten „Hans im Glück" aus Grimms Märchen ist eine Erfolgsstory der besonderen Art. Denn Hans selbst verkörpert das Glück und zeigt: Was das Glück für den Einzelnen bedeutet, ist relativ.

TIPP Klein und fein sowie in der Nähe des Theaters: das Restaurant Gourmet Mondial, www.gourmet-mondial.de

Glück haben auch die Mainzer! Durch die Eröffnung des kleinen Theaters im einstigen Stalltrakt der unter Denkmalschutz stehenden Alten Kaserne ist durch die Schauspieler Anna Hinrichs und Kim Manuel Reuter eine schöne, neue Kulturstätte und damit das elfte Galli Theater in Deutschland entstanden. Kinder stehen hier übrigens besonders im Fokus. Auf bunten, kleinen Matten sind sie schön nah dran an den Stücken, die vom Urvater der Galli Theater, Johannes Galli, auf der Grundlage des Improvisationstheaters entwickelt wurden. Aber nicht nur die Kleinen können sich über den neuen Ort freuen, auch für die Großen gibt es ein entsprechendes Angebot am Abend. Ob lustige Komödie oder Impro-Theater-Training. Es gilt das Hans-im-Glück-Prinzip. Und dem liegt schließlich eine echte Erfolgsstory zugrunde.

Galli Theater Mainz, Kurt-Schumacher-Straße 41b, 55124 Mainz, Tel. (0 61 31) 4 92 53 13
www.galli-mainz.de
ÖPNV: Bahn 50, 51, Bus 76, Haltestelle Nerotalstraße

Swimming in the City

42 *Das Freibad in Mombach*

Die Sonne scheint, der Himmel ist blau und es verspricht ein warmer Tag zu werden. Das Freibad in Mombach ist ein Bad, in dem alle glücklich werden können. Und das dennoch ein Geheim-Tipp ist. Ankommen. Das Blau des Wassers mit allen Sinnen aufnehmen. Abschalten und im rot-weißen sommerlichen Strandbadflair den Alltag hinter sich lassen. Mit den Füßen das satte, weiche Grün fühlen. Und dabei auch noch etwas aktiv für die Gesundheit und Seele tun. Sonnenstrahlen und frische Luft fördern nachweislich die Produktion von Glückshormonen im Körper. In einer solch angenehmen, gepflegten Umgebung gelingt das Ganze noch besser! Beinahe wäre dieser Ort den Sparmaßnahmen der Stadt geopfert worden. Es ist dem Engagement des Mainzer Schwimmvereins zu verdanken, dass das Freibad in Verbindung mit dem Hallenbad noch existiert. Seit 2006 befindet es sich nun in Trägerschaft des Vereins und rund 50 Mitarbeiter kümmern sich darum, dass den Mainzern die Freude am Baden erhalten bleibt.

Kaum eine Sportart ist so gesund wie das Schwimmen. Es schont die Gelenke, trainiert die Muskeln. Und an der frischen Luft schwimmt es sich noch gesünder. Das große Becken erfüllt mit den Maßen 25 x 50 Meter olympische Anforderungen und ist damit prädestiniert für sportlich ambitionierte Schwimmer. Im Mehrzweckbecken, das mit je vier weiteren 25- und 50-Meter-Bahnen, Kinderbereich und zwei Rutschen in unterschiedliche Zonen aufgeteilt ist, kann jeder nach seiner Fasson glücklich werden. Besonders attraktiv für Familien mit Kindern ist auch die Wasserspiellandschaft mit spritzendem Leuchtturm, Piratenschiff und allerlei Spielgeräten.

TIPP Auch im Winter ist Training im dann mit einer Traglufthalle überdachten Olympic-Pool möglich.

Dank der im Sommer rege zum Einsatz kommenden Rasensprenger ist die Liegewiese auch in der heißesten Zeit grasgrün. Die Wiese mit den mächtigen, Schatten spendenden Platanen bietet Raum für unterschiedliche Bedürfnisse. Ein besonderer Luxus sind die rund 50 kostenfrei zur Verfügung stehenden weißen Liegen.

Schwimmbad Mainzer Schwimmverein, Obere Kreuzstraße 11–13, 55120 Mainz-Mombach, Tel. (0 61 31) 62 99 90, www.schwimmbad-mainz.de

ÖPNV: Bus 62, 76, 92, Haltestelle Obere Kreuzstraße

Lichtspielhaus mit Tradition

 43 *Das Kino Capitol*

Das gibt es nur im Kino! Es ist immer wieder ein schöner Moment, wenn im Kino langsam das Licht ausgeht, der Vorhang sich öffnet und der Film beginnt. Man lehnt sich zurück, snackt sein Popcorn und knipst die Welt um sich herum einfach aus. Genau so, nur ziemlich sicher ohne Popcorn, hat man es auch am 25. Dezember 1933 schon gemacht. Die Heinz-Rühmann-Komödie „Es gibt nur eine Liebe" war als Eröffnungsfilm die damals wohl richtige Kost, um den Wirren des Alltags in Mainz zu entfliehen. Das Kino in der Neubrunnenstraße übersteht wie durch ein Wunder das Bombardement der Stadt im Februar 1945. Und ist damit heute das älteste Lichtspieltheater der Stadt.

Ein wenig hat sich hier noch der Glamour vergangener Tage erhalten. Im kleinen Foyer blubbert die Popcornmaschine und man kann eine Limo schlürfen. Von Hektik keine Spur. An mit bunten Filmplakaten bestückten Glasvitrinen geht es vorbei in Richtung Kinosaal. Wer den totalen Überblick liebt und sich noch unbeobachteter fühlen möchte, als er es in der üblichen Dunkelheit ohnehin schon ist, geht gleich hinauf, auf die Empore.

TIPP Programm-Kino mit künstlerischem Anspruch ist das renovierte Palatin-Kino. www.programm-kinos-mainz.de

Ob ganz oben oder unten im großen Zuschauersaal: Mit geblümten Stofftapeten an der Wand und den von der Decke hängenden Glaslüstern bietet das zweigeschossige Capitol in der Neubrunnenstraße Kino-Feeling fast wie in alten Zeiten. Dieses Kino versprüht wunderbaren Charme und hat einen individuellen Charakter. Hier laufen Filme, die man nicht überall sieht, und das Kino ist perfekt, um vielleicht das zu tun, wozu ein Kino nun eben auch da ist: heimlich Händchen halten. Zwischenzeitlich geschlossen, wurde dem Capitol 2009 wieder neues Leben eingehaucht. Die heutigen Kinomacher bieten außer reinem Programmkino auch schon mal einen Mainstream-Film, haben aber selbst dann die kulturelle Relevanz im Visier. Dann wird der Film zum Beispiel im Original gezeigt. Außerdem finden in dem freien Filmtheater auch Vorträge, Konzerte, Gesprächsrunden und der beliebte Science-Slam statt.

▶ Kino Capitol, Neubrunnenstraße 9, 55116 Mainz, Tel. (0 61 31) 2 13 34 95
www.programmkinos-mainz.de
▶ ÖPNV: Bus 9, 67, 68, 76, 92, Haltestelle Neubrunnenstraße

Das Plätzchen vor St. Ignatz

 44 *Wohlfühlplatz in der Kapuzinerstraße*

Wo ist einer der schönsten Plätze in Mainz? Jeder kennt den Schillerplatz mit seinem beeindruckenden Fastnachtsbrunnen. Oder den Markt im Schatten des Doms. Den Kirschgarten, natürlich! Im vielleicht ursprünglichsten Teil der Altstadt, etwas versteckt und damit umso idyllischer, liegt dieser hübsche, kleine Platz – kurioserweise ganz ohne eigenen Namen: Leise plätschert im Sommer der dünne Wasserstrahl aus einem kupfernen Fischmaul in ein Becken aus rotem Sandstein. Unter hohen, dicht belaubten Platanen stehen Bänke, auf denen es sich angenehm im Schatten sitzend vom städtischen Trubel ausruhen lässt. Und von wo aus der Blick genüsslich über die prachtvoll renovierte Fassade der Kirche St. Ignatz schweifen kann, um immer wieder neue Details zu entdecken. Dem einen oder anderen Paris-Liebhaber mag sie bekannt vorkommen. Schließlich orientierte sich der Architekt der Kirche, Johann Peter Jäger, auffallend genau an der dort unmittelbar hinter dem Hôtel de Ville – dem Rathaus – gelegenen Pfarrkirche Saint Gervais.

Zwischen dem kleinen Platz und den Bürgerhäusern auf der anderen Straßenseite verläuft die mit alten Basaltsteinen gepflasterte

TIPP Wein trinken und lecker essen im Gasthaus Willems von Montag bis Samstag, www.gasthaus-willems.de

Kapuzinerstraße. Der Durchgangsverkehr hält sich in Grenzen. Im Haus Nummer 29 war einst die traditionsreiche Weinstube Templer zu Hause. Wie üblich in der Geschichte nahm der Name Bezug auf die Vergangenheit des Ortes. Bis 1312, dem Jahr der Auflösung des geistlichen Templerordens, haben seine Mitglieder vermutlich in diesem Bezirk gewirkt. Nach einigen Besitzer- und Namenswechseln ist hier heute wieder Leben in die holzgetäfelte Gaststube des einstigen Bürgerhauses eingekehrt. Besonders schön: Im Sommer bespielen Jan Willem Appeltrath und sein Team den Vorplatz von St. Ignatz. Dann wird hier eine moderne, regionale Küche mit Anspruch serviert. Und mit einem Glas Wein aus Rheinhessen wird es noch einmal umso spürbarer, das ganz eigene, besondere Flair des einstigen Viertels der Templer, Fischer und Fährmänner, hier inmitten der Mainzer Altstadt.

Ignatz-Plätzchen, Kapuzinerstraße, 55116 Mainz
ÖPNV: Bus 64, 65, 70, 71, Haltestelle Altstadt/Holzhof

Hier sehen wir rosarot!

45 *Die Flamingos im Stadtpark*

Zart hellrosa bis kräftig rot leuchtend, auf dünnen, langen Beinen durch das Gelände herumstolzierend, wahlweise mit minimal erscheinender Anstrengung auf einem Bein balancierend stundenlang in der Gegend herumstehend. Keine Frage: Die Flamingos im Mainzer Stadtpark sind seit über 50 Jahren echte Hingucker. Dass die ursprünglich aus Wassergebieten in tropischen und gemäßigten Regionen stammenden Vögel in den letzten Jahren geradezu Kultstatus im gesamten Deutschland erlangt haben, dafür können die Mainzer Flamingos wohl nichts. Denn plötzlich sah man die rosa Federtiere überall: Als Luftmatratze, auf Handyhüllen und Klamotten, auf Tassen und Duschvorhängen dient der pinkfarbene Paradiesvogel als Maskottchen für die Lifestyle-Generation und exotisches Trendsymbol der Lebensfreude.

Für die Mainzer hingegen sind die Wasservögel mit ihrem geschwungenen Hals und klobigen Schnabel schon seit 1962 ein Symbol des beliebten Stadtparks in der Mainzer Oberstadt. Anlässlich des 2000-jährigen Stadtjubiläums wurden ein Vogelhaus und ein Flamingoweiher, bestehend aus einer Teichanlage und einem Futterplatz, gebaut. Seitdem lebten die exotischen Vögel nur im Sommer am Teich. Aus einer anderen Klimazone stammend brauchten sie zum Schutz gegen die Kälte eine Behausung. Und so wurden die eigenwilligen Tiere jedes Mal im Herbst in Kisten in ihr Wärmequartier im Vogelhaus im oberen Teil des Parks transportiert – um jedes Mal im Frühjahr wieder zurück ins Freie am Weiher entlassen werden zu können.

Schluss mit dem Hin-und-her-Transport war erst im Mai 2017, als unmittelbar neben dem Flamingoteich als neues stylishes Zuhause für die kalte Jahreszeit ein 26,5 Quadratmeter kleines, etwa drei Meter hohes Häuschen mit Fußbodenheizung und regelmäßigem Wasserfluss eingeweiht werden konnte. Durch die großen Fensterfronten können die Flamingos auch bei schlechtem Wetter gut beobachtet werden. Möglich wurde das Ganze übrigens erst durch einen rührigen Mainzer Verein mit dem Namen „Schräge Vögel".

●●

○ **Flamingoweiher im Stadtpark, Zugang Salvatorstraße, 55131 Mainz**
○ **ÖPNV: Bus 60, 61, 64, 65, 90, 92, Haltestelle Stadtpark**

Ein Prickeln liegt in der Luft

46 *Die FLIK Sektmanufaktur im Marienhof*

Es perlt und prickelt im Glas, dessen Wände durch die Kühle des süffigen Getränks beschlagen. So, wie die jedes Etikett auf den Sektflaschen zierende Libelle als Flugkünstler leicht und doch still durch die Lüfte gleitet, fließt der erste frische Schluck über Zunge und Gaumen. Verführt sanft die Geschmacksknospen – und macht neugierig. Denn fünf ganz unterschiedliche Sekte stehen derzeit in der kleinen Vinothek des geschichtsträchtigen Weinguts Marienhof zur Auswahl. Mit der Übernahme der historischen Keller im Jahr 2016 hat Rüdiger Flik dort eine Tradition aufgenommen, wo sie fast 170 Jahre zuvor ihren Anfang nahm: Kein Geringerer als der Gründer der berühmten Sektkellerei Kupferberg, Christian Adalbert Kupferberg (1824–1876), widmete sich hier der „Fabrication moussierender Weine", sprich der Herstellung des zu Kaisers Zeiten geradezu boomenden Schaumweins. Der Aufstieg seiner feinperligen Kreationen ging denn auch so kometenhaft vonstatten, dass hier schon vor dem Umzug im Jahr 1855 auf den nur wenige Kilometer entfernten Mainzer Kästrich der Grundstock für ein Unternehmen von Weltruf gelegt war.

Einige Winzergenerationen und viele Jahrzehnte später ist es an Ort und Stelle wieder so weit. 2016 nimmt der gelernte Winzer und studierte Önologe Rüdiger Flik die Arbeit auf und widmet sich ebenfalls ausschließlich der Sektproduktion. In kleinen Mengen und in reiner Handarbeit. Manufaktur eben. Der passionierte Schaumwein-Produzent sieht die Voraussetzungen für die Herstellung von Sekten an dieser Stelle nicht nur wegen der vorhandenen Keller geradezu als perfekt an. Die mitübernommenen und von ihm selbst bestellten Weinberge voller Chardonnay- und Spätburgundertrauben finden auf den ausgeprägten Kalkböden, wie sie sich zwischen Laubenheim und Bodenheim die Rheinfront entlangziehen, auch klimatisch ähnliche Voraussetzungen wie in der Champagne. Und genau hier findet Rüdiger Flik das Vorbild für seine beglückenden Sekte, die dem Charakter der französischen Edelbrause zunehmend näherkommen.

• •

 ◗ FLIK Sektmanufaktur, Marienhofstraße 1, 55130 Mainz, Tel. (0 61 31) 1 44 67 55
www.flik.de
 ◗ ÖPNV: Bus 61, 63, 64, Haltestelle Marienhof

Entspannung im Luftgarten

47 *Die Sauna am Lenneberg*

Schon in der frühesten Menschengeschichte kannte man die Art der Badekultur, die heute allseits als „Sauna" bekannt ist. Auch Römer und Griechen wussten um die heilsame Wirkung von Wasser und Luft, Wärme und Kälte. Zählt eine Sauna in nördlicheren Gefilden noch heute zu fast jedem Haus, war der Weg des heißen Luftbades nach Mainz jedoch ein besonders langer! Es war der Arzt Dr. Alfred Hartmann, quasi Pionier im damals prüden Nachkriegsdeutschland, der im Sommer 1955 gemeinsam mit Ehefrau Thilde die „Sauna am Lenneberg" errichtete. Zu spüren bekamen sie nicht nur die besonderen technischen Herausforderungen bei der Umsetzung ihres für die Zeit geradezu revolutionären Vorhabens. Heute kurios, stand die erste Mainzer Sauna mit der Zusatzbezeichnung „Medizinisch geleitete Sauna im Grüngürtel von Mainz mit Luftgarten" in den 1960er-Jahren gar im Verdacht, dass dort Anstößiges geschehe. Obwohl damals natürlich noch getrennt gesaunt wurde. Und Gesundheit sowie Erholung von Beginn an ebenso im Fokus des Gründerehepaares wie auch der nachfolgenden Betreiber bis in die Gegenwart steht.

Dass Alfred und Thilde Hartmann kunstbegeisterte Menschen waren, spiegelt sich bis heute im Saunabereich. Ein Relief von der Mainzer Künstlerin Emy Roeder sowie ein Gemälde mit Mosaik von Gustl Stein zieren die den Luftgarten umgebende Mauer, aus der heraus auch ein Spruch des Hippokrates mahnt: „Nicht nur die Seele, sondern auch den Leib haltet rein." Überhaupt: der Luftgarten! Er ist das Herzstück. Da die Sauna ja in erster Linie ein Luftbad ist, wurde bei der Gestaltung dieses Gartens hohe Sorgfalt verwendet. Denn auch das Auge badet. Und die gemächliche Promenade an der frischen Luft ist als Teil des gesamten Vorgangs von hoher Wichtigkeit. Der Gang zwischen den Saunagängen hinaus zu Licht, Sonne und Wasser stellt die ideale Verbindung zur Natur dar. Hier kann die Seele unter Bäumen baumeln und der Körper nach Bewegung im Bassin auf einer der bequemen Ruheliegen zur Entspannung kommen.

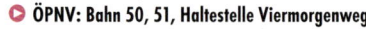

Sauna am Lenneberg, Finther Landstraße 24, 55124 Mainz-Gonsenheim, Tel. (0 61 31) 47 87 70
www.gesundheitssauna.de
ÖPNV: Bahn 50, 51, Haltestelle Viermorgenweg

100

Erste Hilfe fürs Zweirad

48 *uni-bike auf dem Uni-Campus*

Fahrradfahren ist umweltschonend, praktisch und gesund. Der Campus ist groß und die Innenstadt ein Stück weit von ihm entfernt. Da wird ein Fahrrad schon fast zum Muss. Kein Wunder also, dass viele Studierende in Mainz auf dem Fahrrad unterwegs sind. Umso ärgerlicher ist es, wenn es mal kaputt ist. Dann möchte man nicht tagelang auf die Reparatur des Drahtesels warten und außerdem nicht unnötig viel Geld dafür ausgeben. Die Lösung? Die befindet sich mitten auf dem Campus der Mainzer Johannes Gutenberg-Universität. Kunterbunt, was die Fassaden angeht, sind die zwei Container, einer davon Werkstatt, der andere Ersatzteillager, mit der Aufschrift „uni-bike". Und ebenso bunt wie lebhaft geht es um sie herum zu. Hier wird im Sommer draußen gewerkelt und sind Rad an Rad unterschiedlichsten Alters und verschiedenster Herkunft aufgereiht. Allesamt mit im Wind flatternden Zettelchen versehen, die eine Verwechslung ausschließen, warten sie frisch repariert auf ihre Besitzer.

Dreimal in der Woche ist der Platz beim Wohnheim Inter-II im Jakob-Welder-Weg Werkstatt mit sozialer Komponente. Hier wird gepumpt, geschraubt und gefachsimpelt, gequatscht und gelacht.

Die Nachhaltigkeit steht klar im Fokus, denn für die Reparatur nutzen Norbert Vogler und sein gut gelauntes Schrauber-Team nahezu ausschließlich gebrauchte Radersatzteile. Alte, nicht mehr funktionsfähige Fahrräder werden dafür ausgeschlachtet und alles von der Schraube über die Lampe bis zur Bremse weiterverwendet. Was nicht nur der Umwelt zugutekommt, sondern aufgrund des niedrigen Beschaffungsaufwandes auch die Geldbeutel der meist aus Studenten bestehenden Klientel erheblich schont. Zudem hier jeder selbst Hand anlegen darf. Fachmännischer Rat und Werkzeug sind kostenfrei, nur für die Ersatzteile wird ein kleiner Obolus fällig. Für alle anderen gilt: Frei nach dem Motto „morgens gebracht, mittags gemacht" kann das Rad morgens vor der Vorlesung abgegeben und am Nachmittag wieder voll funktionsfähig in Empfang genommen werden.

▶ uni-bike, Jakob-Welder-Weg 30a, 55128 Mainz, Tel. (01 57) 74 14 75 12
www.uni-bike-mainz.de
▶ ÖPNV: Bus 6, 9, 51, 54–57, 62–65, 67, 68, 75, 78, 90, 650, 652, 660, Bahn 51, 53, 59,
Haltestelle Universität

Miteinander im Kiez

 49 *Der Frauenlobplatz*

Der Frauenlobplatz ist ein eigener kleiner Kiez inmitten der Mainzer Neustadt. Wer hier lebt, braucht kein Auto, nicht einmal ein Fahrrad, um sich zu versorgen oder seine sozialen Kontakte zu pflegen. Von der Konditorei bis zum Dönerladen, vom Schreibwaren- bis zum Blumenladen, vom alteingesessenen Restaurant à la „gutbürgerlich" bis zur Szene-Hipster-Kneipe – alles da. Noch dazu findet hier einmal in der Woche, nämlich immer donnerstags zwischen 7 und 13 Uhr, ein Wochenmarkt mit frischen Produkten aus der Region statt.

Besonders schön ist es hier im Frühjahr, wenn die japanischen Kirschbäume den blühenden Rahmen mit ihren unzähligen rosaroten Pompons bilden. Dann wird der Platz allmählich zur Piazza, auf der sich das Leben in der wärmeren Jahreszeit im Freien abspielt. Kinder spielen, während die Eltern gechillt am Rand sitzen, junge Leute schlendern über den Platz, spielen eine Runde Tischtennis oder Basketball. Und die älteren Damen, die hier regelmäßig ihre Sportstunde unter freiem Himmel abhalten, sitzen bei einem Plausch im mit Mosaiken aus dem Leben Frauenlobs verzierten Eck mit Pavillon und Brünnlein.

TIPP *Traditionell und gutbürgerlich geht es im Weinhaus und Restaurant Hahnenhof zu. Berühmt ist das Lokal auch für seine leckeren Hähnchen! www.hahnenhof-mainz.de*

Frauenlob? Wer eigentlich war Frauenlob? Heinrich von Meißen alias Frauenlob wurde um 1250 in Meißen geboren. Das Markenzeichen des einflussreichsten deutschsprachigen Dichters des 14. Jahrhunderts war die Marien-Minne. In Mainz soll sich der fahrende Sänger ab 1312 aufgehalten haben. 1318 ist er hier auch gestorben und wurde im östlichen Kreuzgang des Doms beerdigt. Nach seinem Tod sollen ihn Frauen aus Verehrung auf ihren Schultern zu Grabe getragen haben. All das scheint Grund genug gewesen zu sein, dem Minnesänger Denkmäler vielfältiger Art in Mainz zu setzen. So wurde auch der erst im Zuge der Stadterweiterung durch Stadtbaumeister Eduard Kreyßig (siehe Seite 112) geschaffene Stadtteil Neustadt um einen nach dem berühmten Dichter benannten Platz reicher.

Frauenlobplatz, 55118 Mainz
ÖPNV: Bus 62, 63, 67, 92, Haltestelle Synagogenplatz

Tischlein deck dich

Wie das duftet! Ganze Büschel von Thymian, Salbei, Rosmarin und Koriander wandern in das kleine, mit grauweiß kariertem Tuch ausgelegte Drahtkörbchen. Frisch gestärkt sind die Schürzen, ein letztes Mal werden die großen Messer gewetzt. Wein und Bier stehen kalt. Lounge-Musik läuft. Die Gäste können kommen …

Kochen ist kreativ und bringt Genuss für alle Sinne. Aber auch wenn Selberkochen Freude und schönster Zeitvertreib ist: Nicht immer hat man Lust, alles in den eigenen vier Wänden stattfinden zu lassen. Und dann kommt Christian Decker alias „Der Tischdecker" ins Spiel. Im puristischen Ambiente des im hippen Industrial Style eingerichteten Studios herrscht jedoch alles andere als gediegene Tischdeckenatmosphäre. Mit seiner entspannten Art und dem einfachen Konzept, Küche und Gastraum zugleich zu sein, hat der Quereinsteiger ein besonderes wie ungewöhnliches Ambiente geschaffen. Christian Deckers Location in der Mainzer Neutorstraße ist Kochwerkstatt wie Wohlfühlort. Leger und locker, familiär und offen geht es zu. Dazu kommen ein kreativer wie unkomplizierter Umgang mit frischen Produkten aus der Region sowie eine gesunde Einstellung frei nach dem Motto „weniger ist oft mehr". Was am Ende zu äußerst schmackhaften Ergebnissen ohne viel Schnickschnack führt. Christian Decker ist nah bei seinen Gästen. Als Teil der Gruppe leitet er an, unterstützt, gibt Rat. Familien, Freunde und Firmen buchen ihn und seinen Genussort gleichermaßen, um hier gemeinsam zu kochen und bisweilen ungewöhnliches Küchen-Know-how – wie das Wursten oder Zerlegen einer halben Wutz – zu erlernen. Für Letzteres dient übrigens auch die aus einer Odenwälder Metzgerei stammende original Rohrbahn an der Decke. In einer Art Doppelfunktion in der Lage, mehrere Zentner Last zu tragen, markieren ihre Verstrebungen zugleich die einzelnen mobilen Kochstationen. Um die herum gewerkelt und gequatscht wird. Eigentlich ist es wie zu Hause. Auch hier findet in der Küche das Leben statt.

TIPP Bock auf Wurst? Hier kann man das Wursten erlernen! Die Kochwerkstatt ist nämlich auch Wurststudio.

● Tischdecker Mainz, Christian Decker, Neutorstraße 13, 55116 Mainz, Tel. (01 76) 40 23 95 19
www.tischdecker-mainz.de
● ÖPNV: Bus 64, 65, 92, Bahnhof Römisches Theater/CineStar

Zielen, Putten und Einlochen

51 *Der Minigolfplatz im Volkspark*

Funkelnagelneu glänzt das kleine, schmucke Häuschen am Eingang der Minigolfanlage. Hier gibt es Schläger und Bälle, aber auch eine Tüte Süßes, Kaffee oder eine Schorle. Und hier löst man natürlich seine Eintrittskarte. Über alledem weht die Fahne mit dem Markenzeichen lustig im Wind: ein lachender Smiley. Ist die Flagge gehisst, hat der Ort der guten Laune geöffnet. Und wie könnte es anders sein – auch hinter der Theke herrscht dann gute Laune pur. Denn hier strahlen Jutta und Klaus Bals förmlich um die Wette. Selbst aktive Minigolfer, hatte das aus Wiesbaden stammende Ehepaar vor einigen Jahren eher zufällig erfahren, dass die zwischenzeitlich heruntergekommene Minigolfanlage neu zu vergeben sei. Spontan verfassten sie eine Bewerbung und stellten sie unter das Motto „Minigolf im Volkspark macht Spaß". Prompt, für die beiden gänzlich unerwartet, erhielten sie den Zuschlag. Und verhalfen damit diesem besonderen Fleckchen innerhalb kürzester Zeit zur Wiederauferstehung.

Im Jahr 1954 wurde Minigolf von dem Schweizer Gartenarchitekten Paul Bongni erfunden. Die erste genormte Minigolfanlage entstand in Ascona und von hier aus trat der Sport mit dem kleinen Ball seinen Siegeszug an. Einige Jahre später, 1964, war es dann auch im Mainzer Volkspark so weit. Der bis dato bei den Mainzern unbekannte Freizeitsport boomte. Viele Menschen verbinden mit der 18-Loch-Anlage schöne Kindheitserinnerungen. Wohl kaum ein Mainzer, der hier nicht Kindergeburtstag gefeiert hat oder schon schier verzweifelt wäre an den Hindernissen der genormten Betonbahnen wie der 25-Meter-Weitschlaganlage, dem „Labyrinth", der „Niere" oder dem „Vulkan" …

Ein Ort zum Wohlfühlen und Spaßhaben sollte es also wieder werden, nahmen sich die engagierten neuen Pächter vor – und es ist ihnen gelungen! Die Wiese ist auch im ärgsten Sommer grün, weil mit dem Brauchwasser des Volksparks gesprengt werden kann. Und die vielen kleinen Ruhezonen zwischen den Bahnen laden außerdem zum Zuschauen und Entspannen ein.

Minigolfanlage, Jutta und Klaus Bals, Göttelmannstraße, 55131 Mainz, Tel. (01 75) 2 40 63 78
www.minigolf-mz.de
ÖPNV: Bus 62, 63, 92, Haltestelle Volkspark

Der durch den Wald läuft

52 *Erholung im Lennebergwald*

Ein leichter Wind streicht durch die Kronen alter Kiefern. Ein Rascheln, Knacken, Zwitschern – Steinzeitmenschen signalisierte es: keine Gefahr. Und noch heute wirken diese Geräusche auf uns beruhigend. Der Boden. Nachgiebig, nicht ganz eben. Für solchen Untergrund sind unsere Gelenke gebaut. Der Geruch. Würzig und einzigartig. Balsam für den gestressten Großstadtmenschen. Und dann das grüne Licht. Die Baumkronen filtern das Sonnenlicht. Mäßigen Hitze, mildern Kälte und Regen. Damals wie heute.

Der lichte Schirm aus Kiefernkronen verspricht Ruhe. Vor blauem Himmel kann die Baumart ihre ästhetischen Highlights so richtig ausspielen. Kein Wunder, dass viele Künstler diese Baumart zu ihrem Objekt gemacht haben. Dieser Wald lindert Stress – und zwar schon innerhalb kürzester Zeit. Ob zum guten alten Waldspaziergang oder zum Joggen. Man schnürt die Schuhe und läuft los. Tief einatmen und lang ausatmen. Sich dem Wald verbunden fühlen. Zu den Wurzeln des Wohlbefindens finden. Denn was braucht der Mensch zu seinem Glück? Die Natur ist ein wesentlicher Bestandteil davon.

TIPP Im Lennebergwald gibt es ausgewiesene Laufstrecken von 6, 10 und 15 Kilometern.

Die Kiefer ist ein Baum mit sozialer Kompetenz. Sie benötigt viel Licht, gönnt es im Alter durch ihre besondere Kronenform aber auch Pflanzen, die unter ihr wachsen. In älteren Kiefernwäldern wie dem Lennebergwald gelangt mehr Licht an den Boden als in anderen Wäldern. Lebensräume mit seltenen Pflanzen und hohem Naturschutzwert bilden sich. Der Lennebergwald gehört zu den beliebtesten Naherholungsgebieten bei Mainz. Rund 700 Hektar umfasst das Waldgebiet, das seit 1996 unter Naturschutz steht. Hauptsächlich aus Sand besteht der Boden, der gut für den Waldläufer ist, aber nur wenig Wasser und Nährstoffe speichern kann. Dieser Umstand und das milde und trockene Klima der Region sind Ursache für eine besondere Steppenvegetation. Auch wenn es regnet und man mit einigermaßen trockenen Schuhen wieder am Ausgangspunkt der Wanderung ankommen will, ist dies dank des sandigen Untergrunds möglich.

Waldparkplatz Vierzehn-Nothelfer-Straße, 55124 Mainz
www.lennebergwald.de
ÖPNV: Bahn 50, 51, Bus 68, 76, Haltestelle Kapellenstraße

Ein Mann mit Weitblick

53   *Die Büste von Eduard Kreyßig*

Ein Glücksort mitten auf der Kaiserstraße, umtost vom Verkehr auf allen Seiten? Das vorausschauende Denken und nachhaltige Wirken des früheren Stadtbaumeisters von Mainz, Eduard Wilhelm Christian Kreyßig (1830–1897), ist für die Mainzer bis heute ein Glücksfall. Und so kann das einzige kleine Denkmal, das an den bedeutendsten Visionär der Stadtgeschichte erinnert, auch trotz seiner Lage ein besonderer Glücksort sein. Der ursprünglich aus Hessen stammende Architekt und Ingenieur entwickelte und prägte das architektonische und städtebauliche Gesicht der Neustadt. In den 32 Jahren seines Schaffens plante und realisierte er zwischen 1864 und 1896 darüber hinaus in ganz Mainz Wohnprojekte, Schulen und Kirchen, den Zoll- und Binnenhafen, entwickelte die Kanalisation der Neustadt und verbesserte die in der Altstadt. Die Aufschüttungen zum Schutz vor Hochwasser gehen ebenso auf sein Konto wie die Anlage der Rheinuferpromenade, auf der die Mainzer gerne flanieren. Bis zum heutigen Tag profitiert die Stadt von seinem Vorschlag, den ursprünglich am Rhein gelegenen ersten Bahnhof von Mainz auf die andere Seite zu verlegen und die Öffnung von Mainz zum Fluss hin wieder zu ermöglichen. Damit die Züge in den heutigen Hauptbahnhof einfahren können, hatte ganz nebenbei der Jakobsberg mitsamt der obenauf thronenden Zitadelle untertunnelt zu werden.

TIPP   Seine letzte Ruhe hat Eduard Kreyßig auf dem sehenswerten Mainzer Hauptfriedhof gefunden.

Es gibt eine kleine Straße in der nördlichen Neustadt, die seinen Namen trägt, die Kreyßigstraße. Und eben dieses unscheinbare Denkmal, das an den großen Stadtbaumeister erinnert. Nahezu unbeachtet befindet sich die von dem Mainzer Bildhauer Eduard Lipp hergestellte Büste Kreyßigs zwischen der Bopp- und Neubrunnenstraße, auf der Kaiserstraße. Sein Blick schweift über die einst von ihm als Prachtboulevard geplante Verkehrsader und trifft geradewegs auf die herrliche Christuskirche. So, als könne er sich nicht daran sattsehen. Sie wurde auf der Grundlage seiner Entwürfe erst 1903 vollendet, er hat ihre Fertigstellung leider nie erlebt.

⦿ **Kaiserstraße (zwischen Bopp- und Neubrunnenstraße), 55116 Mainz**
⦿ **ÖPNV: Bus 9, 67, 68, 76, 92, Haltestelle Neubrunnenstraße**

EDUARD KREYSSIG
STADTBAUMEISTER
1863 — 1897

Der Lavendel-Coup

54 *Das Lavendelfeld am Hauptbahnhof*

Da arbeiten wir uns im Stop-and-go-Rhythmus aus der Innenstadt hinaus, die Auffahrt zum Hartenberg oder zur in alle Richtungen führenden Hochbrücke hinauf – da fällt der Blick auf den von uns zu umkurvenden Vorplatz auf der Westseite des Mainzer Hauptbahnhofs: Lavendel! Da hetzen wir aus dem Hinterausgang des Bahnhofs, unter der dunklen Hochbrücke hindurch – und stehen ganz unvermutet mittendrin. Was für ein Glück! Das Glücksgefühl wächst ab Anfang Mai, wenn die Knospen schon zu sehen sind und der hier in großen Mengen gepflanzte Lavendel der Sorte Lavandula angustifolia Hidcote Blue kurz vor der Blüte steht. Nur fürs Auge, wenn wir es lediglich umfahren können. Für Augen und Nase aber schwillt das Entzücken im Verlauf des Sommers förmlich weiter an. Denn erlangt der in England gezüchtete und zu den schönsten Lavendelsorten überhaupt zählende Lavendel erst seine tiefdunkelblaue, mit einem Stich ins Violett gehende Blüte, findet genau hier diese doch irgendwie in uns allen schlummernde deutsche Sehnsucht nach mediterraner Leichtigkeit sanfte Befriedigung! Je nach Witterung beginnen die Pflanzen mit ihrem buschig kompakten Wuchs dann ab Juni ihren wunderbaren Duft zu verströmen und locken nicht nur zahlreiche Bienen an. Das milde, bisweilen mediterrane Klima in Mainz macht es möglich. Kaum vorstellbar, dass sich hier am Entree für den Westzugang bis vor wenigen Jahren noch ein regelrechter Un-Ort befand. Dass aus der ehemals unattraktiven „Verkehrsrestfläche" diese Grünfläche mitsamt ihrem mediterranen Charakter das Glück mitten in die Stadt gebracht hat, ist einem kreativen Team aus Mainzer Landschaftsarchitekten zu verdanken. Mit einfachen gärtnerischen Mitteln und einem klaren Design gestalteten sie den Platz zu einem wertvollen kleinen Ort. Denn auch wenn die Wirkung der Blüte gegen Ende des Sommers verblasst: Durch die Wahl der markanten Pflanzen, die sanfte Modellierung des Geländes und die lineare Struktur ergibt sich hier das ganze Jahr über ein attraktives Bild.

··

● Lavendelfeld am Ausgang West, Mainz Hauptbahnhof, 55116 Mainz
● ÖPNV: Bahn 51–53, Bus 6, 9, 28, 54–57, 59, 62–65, 67, 68, 75, 76, 90, 91, 650, 652, 660,
Haltestelle Hauptbahnhof West/Taubertsbergbad

Herzliche Frische

 55 *Der Wochenmarkt in Gonsenheim*

Schauen, riechen, fühlen, probieren – auf dem Gonsenheimer Wochenmarkt einzukaufen ist ein sinnliches Erlebnis! Regional, saisonal und vom Bauern ist hier alles auf den langen Markttischen in der Kirchstraße angerichtet wie auf für Gäste gedeckten Tafeln. Frisch gestochener Spargel, aromatischer Honig direkt vom Imker oder saftige Tomaten, frische Bohnen und frische Kräuter frisch von den Gonsenheimer Feldern aus dem nahen Gonsbachtal werden je nach Saison angeboten. Frischen Fisch, Käse, frische Eier und Backwaren gibt es hier nahe der Gonsenheimer Einkaufsmeile Breite Straße außerdem. Sich von der Farbenpracht und dem Duft der Früchte, Blumen und vom Gemüse inspirieren zu lassen, ist eine wahre Wonne. Und es ist eine Tatsache: Lebensmittel direkt vom Produzenten aus der Region schmecken einfach besser als ihre Verwandten aus dem Supermarkt. Ein Besuch auf dem Wochenmarkt ist aber noch viel mehr! Er bedeutet auch ein Eintauchen in eine eigene kleine, noch heil wirkende Welt. Der Gonsenheimer Wochenmarkt ist der größte und älteste Stadtteilmarkt in Mainz. Und zweimal wöchentlich bietet er den Gonsenheimern seit über 45 Jahren

TIPP

Öffnungszeiten
Mittwoch und Samstag 7-13 Uhr

ein Stück besondere Lebensqualität. Denn nicht nur zum Einkaufen und Konsumieren kommt man hierher, sondern auch zum Kommunizieren. Jeder scheint hier jeden zu kennen. Hier fühlt man sich wohl und hier entstehen Heimatgefühle selbst bei Besuchern, die ihren festen Wohnsitz nicht im Stadtteil haben. Das kann natürlich an dem mit Wonne praktizierten gemütlichen Gonsenheimer Dialekt liegen. Nirgendwo sonst ist er so ausgeprägt zu hören wie hier. So viel Zeit muss sein. Denn hier wird nicht nur einfach die ausgesuchte Ware über den Tisch gereicht, sondern dabei auch noch munter über Gott und die Welt geratscht. Spricht man mit Händlern, bekommt man spannende Anekdoten noch aus der Entstehungszeit des kleinen, aber feinen Marktes zu hören. Und so etwas wie Stolz ist herauszuhören beim Blumenhändler, dessen Vater zu den Gründungsvätern im Jahr 1973 zählte.

⊙ **Wochenmarkt in Gonsenheim, Kirchstraße, 55124 Mainz-Gonsenheim**
⊙ **ÖPNV: Bahn 50, 51, Bus 76, Haltestelle Nerotalstraße**

Tänzchen auf der Wiese

56 *Die Tanzpartie von Eberhard Linke*

Wie sie sich anschauen. Umschlingen. Im Takt sind. Eigentlich ist es nur ein Moment. Eingefangen scheint er für die Ewigkeit. „Tanzpartie" nennt sich die inmitten des Botanischen Gartens der Johannes Gutenberg-Universität abspielende Szenerie. Und treffender könnte der Name des von Professor Eberhard Linke geschaffenen Kunstwerkes kaum sein. Ebenso wie sein Standort nicht überraschender. Die abstrakten, doch so ausdrucksstarken Figuren und die Landschaft scheinen miteinander zu verschmelzen. So viel Sinnlichkeit und Romantik an einem Ort der Lehre und der Forschung. Wie unerwartet. Und wie schön. Dazu zugänglich für jedermann. Was für ein Glück!

Wer Linke kennt, weiß: Der Eindruck von nicht geglätteter Erdigkeit und der nicht geschlossenen Nähte ist gewollt. Und bietet Möglichkeiten zur Deutung. Das Material des auf der Wiese zwischen Apfel- und Birnbäumen tanzenden Paares ist Bronze und damit sehr haltbar. Es verstärkt den Kontrast zu der an sich so vergänglichen, hier jedoch so ästhetisch festgehaltenen Dynamik, die dieses Paar ausstrahlt. Wie harmonisch es wirkt. Wie filigran, wo doch der jeweilige Körperbau so massiv erscheint. Wie sehr es in Bewegung scheint. Oder ist es das sich im Wind wiegende Gras, das dem Paar im Sommer mitunter bis zu den Hüften reicht? Sind es die sich sacht bewegenden Äste der Bäume, an denen Obst gedeiht? Mitten auf dem Campus umgarnt die Natur die Kunst. Und die Sinne lassen sich dankbar verwirren.

Wer entlang des Pfades durch die Streuobstwiese des botanischen Freigeländes spaziert, fühlt sich angezogen von der Plastik mit dem klangvollen Namen. Angesprochen von ihr hat sich auch die Mainzer Professorin Elisabeth Gateff gefühlt. Bereits 2013 hat sie das Terrakotta-Original der „Tanzpartie" bei einer Ausstellung des renommierten Bildhauers Linke entdeckt. Als großzügige Förderin des Botanischen Gartens bis dahin bereits in Erscheinung getreten, bot sie der Universität einen Bronzeabguss der Plastik an. Wer kann da schon Nein sagen?

· ·

**❍ Botanischer Garten der Johannes Gutenberg-Universität, Anselm-Franz-von-Bentzel-Weg,
55128 Mainz, Tel. (0 61 31) 3 92 22 51, www.botgarten.uni-mainz.de
❍ ÖPNV: Bus 57, Haltestelle Botanischer Garten**

Rund um die Bohne

57 *Die Kaffeekommune*

Viele kennen Paul Bonna und seinen legendären Kaffee aus seiner Pop-up-Store-Zeit. Seit 2014 haben der Barista und seine Kaffeemaschinen ein festes Zuhause gefunden. Die Kaffeekommune liegt mitten im Bermudadreieck, wenige Meter seitlich der Gaugass', in der Breidenbacher Straße. Wie gemacht für die Mainzer und ihre Lust auf guten Kaffee und schönes Design. Durch das hippe Ambiente unter der historischen Gewölbedecke hat man hier schnell ein bisschen so etwas wie Hauptstadt-Feeling. Barista Paul hat dem einstigen Moped- und Fahrradwerkstattladen nach längerem Leerstand zu neuem Leben verholfen. Die Kaffeekommune ist ein cleaner, aufgeräumter Laden ohne Schnickschnack und trotzdem sehr gemütlich. Der Mittelpunkt ist klar die Theke. Im Sommer sitzt es sich lässig urban auf dem Gehweg vor dem Café, dessen Fenster und Türe dann natürlich weit geöffnet sind.

Geröstet wird in der Kaffeekommune nicht selbst und bis es vielleicht einmal so weit ist, wird der Kaffee von einer Rösterei aus Süddeutschland bezogen. Paul und seine Crew zaubern samtweichen Cappuccino und den leckeren Espresso ohne Zucker. Dank der besonderen Kaffeesorten und ihrer Röstung ist einem auch nicht danach. Die Zubereitungsmethoden für Filterkaffee sind vielfältig und reichen vom Cold Brew bis zum Handfilter. Auch wenn Letzteres hierzulande oft noch einen etwas angestaubten Ruf genießt, ist es doch unter Kennern längst die Nummer eins unter den Zubereitungen. Die Röstung kann man selbst aussuchen, dann wird der Filterkaffee frisch aufgebrüht und im Glaskännchen serviert. Durch einen längeren Aufenthalt in Großbritannien hat Barista Paul im Übrigen auch den Teegenuss im Blick. Weshalb Kaffee-Fans mit Tee-Liebhabern als Freunde hier ebenfalls gut aufgehoben sind. Lecker zum Kaffee wie zum Tee sind die gleichfalls britisch angehauchten Spezialitäten wie Scones mit selbst gemachter Marmelade, Shortbread, Banana Cake oder das Porridge und die frisch belegten Stullen mit Avocado von der kleinen, aber feinen Frühstückskarte.

TIPP Wie der perfekte Kaffee geht? Termine für Workshops und Kaffeeverkostungen auf www.kaffeekommune.de.

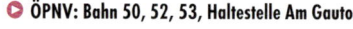

Kaffeekommune, Breidenbacher Straße 9, 55116 Mainz, Tel. (0 61 31) 6 93 07 49
www.kaffeekommune.de
ÖPNV: Bahn 50, 52, 53, Haltestelle Am Gautor

Feste feiern im Weinberg

58 *Das Weinfest im Hechtsheimer Kirchenstück*

Immer dem Wein nach heißt die Devise für den, der auf dieses besondere Mainzer Weinfest will. Das in vielerlei Hinsicht einzigartig ist. Denn außer den fröhlich im Wind wehenden Fahnen weisen weder wabernde Grillwolken noch brummende Bässe den Weg. Auf dem Weinfest im Kirchenstück gibt es kein Programm – außer dem Wein natürlich. Und der ist schließlich Programm genug. Bühne frei also für die daran beteiligten Hechtsheimer Winzer, die den Rebensaft Jahr für Jahr aufs Neue in die Flaschen zaubern. Und Vorhang auf für den Wein. Und die gut gelaunten Menschen, die ihn vor einer geradezu atemberaubenden Kulisse genießen. Schließlich befindet sich der Austragungsort dieses Weinfestes genau dort, wo der Wein auch wächst. Also oberhalb von Hechtsheim und damit hoch über der Stadt Mainz. Der Blick von hier reicht weit in das rheinhessische Hügelland und über den Rhein hinweg bis in den Taunus. Die von hier zu beobachtenden Sonnenuntergänge sind grandios. Und das Herz wird weit, an diesem Ort der Lebensfreude.

Seit nun über 30 Jahren wird an vier Tagen Ende Juni/Anfang Juli inmitten der Reben und entlang des sich oberhalb der Weinlage Kirchstück verlaufenden Wirtschaftsweges getrunken, gegessen und gefeiert. Ein hübsch anzusehender, rund 600 Meter langer, bunter Parcours aus Schirmen, Weinständen und Bänken zieht sich dann hier entlang und ist beliebter Treffpunkt für die Hechtsheimer und ihre Gäste.

Seit der Römerzeit wird in Mainz Wein angebaut und eine auf den 8. April 1190 datierte Urkunde bescheinigt der Weinbaugemeinde bereits zu diesem frühen Zeitpunkt einen eigenen Weinmarkt. Die rund 17 Hektar große, hier bis 185 Meter hoch über dem Meeresspiegel verlaufende Rebfläche trägt den Namen „Kirchenstück" und ist damit Namensgeber des Festes. Im Jahr 1999 schließlich schlossen sich die Weinbautreibenden zu einer Initiative mit Namen „Die Mainzer Winzer" zusammen und schreiben seitdem ihre eigene, besondere Erfolgsgeschichte. Das Weinfest im Kirchenstück war schon vorher eine.

· ·

Weinfest im Kirchenstück (erstes Wochenende im Juli), Alte Mainzer Straße 88, 55129 Mainz-Hechtsheim
ÖPNV: Bus 64, 65, 90, Haltestelle Weisenauer Weg

Vertikal unterwegs in die Höhe

59 *Alpenfeeling in der Kletterkiste*

Sich hochziehen, an etwas hinaufklettern, sei es als Kleinkind auf den Stuhl oder als größeres Kind auf ein Klettergerüst oder gar einen Baum: Klettern ist für Kinder wie Laufen, sie müssen nicht groß überlegen, wie und ob sie es tun. Es ist eine im Kindesalter normale Fortbewegungsform, für die uns niemand sagen musste, wie es funktioniert. Das sieht wieder ganz anders aus, plant man, das Klettern neu für sich zu entdecken. Denn Klettern ist hip. Es ist Ausdruck eines Lebensgefühls. Die Sportart steht für Unabhängigkeit und Freiheit. Klettern ist einfach nur positiv besetzt, stellt nicht nur eine körperliche, sondern auch eine mentale Herausforderung dar. Klettern ist ein sozialer Sport, denn ohne Partner, der einen auf dem Weg in die Höhe sichert, geht es nicht. Und Klettern macht glücklich! Es geht darum, die eigenen Grenzen zu erweitern, sie im sprichwörtlichen Sinn nach oben zu verschieben. Werden die gesetzten Ziele erreicht, ist die Ausschüttung von Endorphinen quasi unausweichlich, die Glückshormone durchfluten unseren Körper und verlangen nach mehr.

Wer in Mainz Lust auf Alpenfeeling inmitten der Stadt hat, macht sich auf in den Stadtteil Mombach. Das Haus des Deutschen Alpenvereins (DAV), Sektion Mainz, fällt auf, erinnert es durch seine Optik und die davor gepflanzten Latschenkiefern doch direkt an den letzten Bergurlaub. Unmittelbar dahinter befindet sich die 13 Meter hohe Kletterkiste. Wer das Klettern schon immer einmal ausprobieren wollte, kann hier einen Schnupperkurs absolvieren, Profis finden auf der Kletterfläche von rund 600 Quadratmetern mit rund 100 zur Wahl stehenden Kletterrouten in unterschiedlichen Schwierigkeitsgraden ebenfalls hinreichend Möglichkeiten fürs Training. Bei allem Spaß – Klettern ist natürlich auch nicht ganz ungefährlich und vor allem Glück steht erst einmal etwas Mühe: 100 Prozent beherrscht werden muss die Sicherungstechnik, sie ist gerade zum Beginn der Kletterkarriere fast wichtiger als das Klettern selbst.

▶ **DAV Kletterzentrum Mainz, Turmstraße 85, 55120 Mainz-Mombach, Tel. (0 61 31) 68 88 29**
www.kletterkiste-mainz.de
▶ **ÖPNV: Bus 60, 61, 78, 92, 620, Haltestelle Körnerstraße**

Lust auf viel Meer

60 *Die Fischhandlung Jackob*

Dieser Laden macht Appetit auf Meer. Denn im Mainzer Traditions-fischhandel Fisch Jackob gibt es alles rund um den Fisch. Ob Rochen-flügel, Forelle, Wolfsbarsch oder hausgemachte Fischsalate: Die Auswahl ist groß und was nicht vorrätig ist, wird bestellt. Mit Qualität, Service und der Anpassung an die jeweilige Zeit schafft es der alteingesessene Familienbetrieb seit nun über 120 Jahren, sich im Wettbewerb zu be-haupten. Von überallher aus der Stadt, aber auch aus Rheinhessen und dem Rhein-Main-Gebiet kommen die Kunden, von denen viele Stamm-kunden sind. Wer sich hier mit Lachs, Hering und Co. eindeckt, ist oft auch mit Namen bekannt. Einige Mainzer Familien kaufen gar seit Ge-nerationen ihren Fisch hier. Natürlich stammt dieser nicht mehr – wie vor über 100 Jahren in Mainz noch üblich – aus dem von hier nur knapp 100 Meter entfernten Rhein. Das Schlüsselwort heißt Frische. Mehrmals in der Woche wird das Ladengeschäft in der Fischtorstraße deswegen von Großhändlern aus Holland angefahren und regelmäßig führt der Weg direkt an den Frankfurter Flughafen, um dort den aus aller Herren Länder eingeflogenen Frischfisch entgegenzunehmen. Wie man ihn zu-bereitet? Kein Problem. Gute Tipps und Rezepte gehen hier gleich mit über die Theke.

Wer keine Lust hat, frischen Fisch mit nach Hause zu nehmen und dort selbst zuzubereiten, verzehrt ihn einfach direkt vor Ort. Insbesondere zur Mittagszeit finden Bratfisch mit hausgemachtem Kartoffelsalat, die hauseigene Fischsuppe oder Fischbrötchen in leckeren Varianten reißen-den Absatz und sind die wenigen Plätze vor dem Ladenlokal begehrt.

Unmittelbar hinter dem Ladengeschäft befindet sich die historische Fi-schergasse, in der die Firmengeschichte im Jahr 1897 mit dem Verkauf von Rhein- und Seefisch ihren Anfang nahm. Von all den vielen damals ebenfalls vertretenen Fischhändlern sind in der engen Gasse noch Spuren zu finden. Übrig ist nur ein einziger geblieben und hat es damit zur In-stitution in Mainz gebracht: die Firma Fisch Jackob.

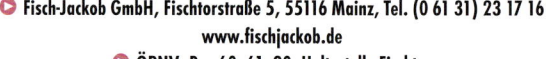

Fisch-Jackob GmbH, Fischtorstraße 5, 55116 Mainz, Tel. (0 61 31) 23 17 16
www.fischjackob.de
ÖPNV: Bus 60, 61, 90, Haltestelle Fischtor

Versteckte Oase mit Aussicht

61 *Der Stefansgarten*

Das Glück in diesem Garten beginnt im zeitigen Frühjahr. Dann, wenn die ersten kleinen Blüten der Blaukissen ihre Nase aus der dunklen Erde recken. Und wenn als Nächstes die Glockenblumen ihre runden Blütenteppiche über die Terrassen legen. Dann, wenn in der langsam wärmer werdenden Jahreszeit der blaue Lavendel blüht, innerhalb der von der Sonne warmen Sandsteinmauern seinen ätherischen Duft verströmt und wir uns wie im Süden fühlen. Oder wenn sich auf den blauen Blütenrispen des Sommerflieders Schmetterlinge, Hummeln und andere Insekten tummeln. Und die blauen Blüten des bienenfreundlichen Hibiskus aufgehen. So schön blüht es am Fuße des Ostchors von St. Stephan.

Wie auf einer Galerie über der Altstadt fühlt man sich hier, hoch über dem Willigisplatz und mit Blick auf den Dom. Der Platz mit den berühmten Kirchenfenstern Marc Chagalls im Rücken lädt ein: zur Ruhe, zur Aussicht, zur Besinnung und zur Erholung. Zwar stehen nur wenige Bänke dafür bereit. Ein Platz ist auf der überschaubaren Fläche aber immer zu haben. Obwohl St. Stephan eines der meistbesuchten touristischen Ziele in Mainz ist, scheint der Garten nicht sehr bekannt. Das mag an den hohen, alten Sandsteinmauern liegen, die ihn schützend umgeben. Laufen viele aber auch einfach an dem in die Mauer eingelassenen schmiedeeisernen Türchen vorbei. Und so ist der terrassierte Garten ein kleiner, versteckter Glücksfall. Kaum vorstellbar, dass hier bis vor wenigen Jahren eine ungezügelte Wildnis den gesamten Hang unterhalb der Stefansstraße überwucherte. Als Risse in der Stützmauer sichtbar wurden, die am Rand des unterhalb gelegenen Willigisplatzes verläuft, war die Stadt zum Handeln gezwungen. Und machte aus der Not die denkbar beste Tugend. Die terrassenartige Anlegung der Flächen entlastete die Mauer. Und bei der Bepflanzung wurde bewusst die Farbe Blau aufgenommen, um den Bezug zu den Chagall-Fenstern von St. Stephan herzustellen.

● Stefansgarten, Stefansstraße, 55116 Mainz
● ÖPNV: Bahn 50, 52, 53, Haltestelle Am Gautor

Von der Süd- zur Nordmole

 62 *Die Brücke am Zollhafen*

60 Meter lang und 160 Tonnen schwer ist sie. Und dennoch geradezu grazil. Ein wahres Schmuckstück, das die Hafeneinfahrt zum ehemaligen Zollhafen ziert. Und ein Glücksfall für die Mainzer. Die Rede ist von einer Brücke. Und zwar nicht von irgendeiner! Die topmoderne Klappbrücke ruht auf denkmalgeschützten Molenköpfen, die schon ihre Vorgängerin getragen haben, und zeichnet sich durch einen besonderen Mehrwert aus. Denn über 75 Jahre sollte es dauern, bis die Süd- und Nordmole des einstigen Zoll- und Binnenhafens wieder miteinander verbunden werden konnten. Und damit genauso lange, bis Fußgänger, Radler, Jogger per pedes oder per Pedale erstmals in der Geschichte einen durchgängigen Weg von der Mainzer Rheinuferpromenade bis zur Kaiserbrücke und weiter erhalten haben. Darüber hinaus ist nämlich dank der neuen Querungshilfe eine knapp zwei Kilometer lange Flaniermeile rund um das 750 x 135 Meter große, von einer Mischung aus Wohnen, Gewerbe, Kultur, Gastronomie und Einzelhandel umgebene Becken entstanden. Doch damit noch immer nicht genug: Die neue Brücke ist zwar baugleich mit ihrer im Zweiten Weltkrieg zerstörten und nie wieder hergestellten Vorgängerin, verfügt jedoch über ein an die heutigen Bedürfnisse angepasstes technisches Innenleben. Denn im Zuge der Verwandlung des zuletzt als Industrie- und Containerhafen genutzten Hafengeländes in ein zeitgemäßes Wohn- und Arbeitsquartier fahren nun durch die 40 Meter breite, gegen die Strömung gerichtete Einfahrt keine Binnenschiffe mehr. Eine neue Marina am Westufer bringt mediterranes Feeling nach Mainz und ist Heimathafen sowie Zwischenankerplatz für bis zu 140 Segel- und Motorboote. Da je nach Wasserstand des Rheins Höhenunterschiede von bis zu sechs Metern möglich sind, müssen sich die Bootsführer vor der geplanten Einfahrt beim Hafenmeister anmelden. Über eine Kamera wird geprüft, ob die Brücke frei ist. Erst dann werden die jeweils rund 70 Tonnen schweren Brückenteile in die Höhe fahren und der Weg für die Freizeitkapitäne in den Zollhafen ist geebnet.

TIPP Die Brücke ist Teil des zwei Kilometer langen Rundwegs, der um das gesamte Hafenbecken führt.

◗ **Zollhafen, 55118 Mainz**
◗ **ÖPNV: Bahn 59, Haltestelle Zollhafen**

Eisbudenzauber

63 *Der Eispavillon Mario in Gonsenheim*

Die Schlange ist an diesem frühen Sommermorgen besonders lang: Händchen in Händchen, ein Strahlen auf jedem kleinen Gesicht und brav hintereinander aufgereiht wartet die Kindergartengruppe geduldig vor dem blau-weiß gekachelten Pavillon, bis die Eiswaffeln eine nach der anderen über die Theke gereicht sind. Für viele Erwachsene werden hier Erinnerungen wach. Viele haben selbst einmal in diesem Alter in der Erwartung hier gestanden, bald eine der kalt-süßen Köstlichkeiten in der Hand zu halten. Dass sich vor dem Eispavillon Mario in Gonsenheim lange Wartereihen bilden, ist selbst früh am Tag nichts Ungewöhnliches. Der Ruf des guten Eises aus dem Mainzer Vorort reicht weit aus selbigem hinaus.

Hier wird noch nach den Rezepten des Gründers produziert und zu den Kunden zählen in erster Linie Traditionalisten, die sich nach den guten Klassikern verzehren. 1955 hatte Gelatiere Mario Dall'Asta, der Großvater des heutigen Besitzers, einen Kiosk auf der anderen Straßenseite übernommen. 1968 folgte dann die Eröffnung des Neubaus auf dem Juxplatz mit fünf Eissorten. 2015 konnte das 60-jährige Bestehen der mittlerweile zur Institution gewordenen Eisdiele gefeiert werden und zählten 24 Eissorten zum Sortiment. Und auch wenn sich der Pavillon etwas vergrößert hat: Mit 37 Quadratmetern bleibt die Produktions- und Verkaufsfläche überschaubar. Umso beeindruckender ist, was die derzeit dritte Generation unter der Ägide von Mario Nestola in diesem kleinen Häuschen an Geschmack und Qualität zaubert. 28 Eissorten werden hier täglich frisch und traditionell mit der schon historisch wirkenden Speiseeismaschine in klassischer Rührwerkstechnik mit Vertikalantrieb produziert. Da keine Konservierungsstoffe darin enthalten sind, können nur kleine Mengen produziert werden, womit das Eis täglich frisch ist. Das Ergebnis ist besonders geschmeidiges, cremiges Eis. Das Schokoladeneis schmeckt intensiv nach Schokolade. Und auch im Erdbeereis ist die Frucht so zu schmecken, wie es sein soll. Traditionell eben.

● Eispavillon Mario, Juxplatz, 55124 Mainz-Gonsenheim, Tel. (0 61 31) 4 41 77
● ÖPNV: Bahn 50, 51, Bus 68, 76, Haltestelle Kapellenstraße/Gesundheitszentrum

Ein Pfälzer in Mainz

64 *Das Ramon Chormann Theater*

Ramon Chormann kennt man als „de Pälzer" aus der Mainzer Fastnacht. Ein im schwarzen Anzug mit rotem Einstecktuch und stoischer Miene kalauernder Kabarettist, der selbstironisch und im Urpfälzer-Dialekt über Gott und die Welt herzieht, das richtige Quäntchen Ernst dabei aber nicht vergisst. 2015 hat er in Kirchheimbolanden ein eigenes Theater eröffnet, im Februar 2017 dann in Mainz. „Ja, gibt es denn nicht Theater genug in Mainz?", könnte man nun fragen ...

Das nicht öffentlich geförderte Theater kommt im Stil eines intimen Salontheaters daher. Klein, persönlich, auch ein bisschen plüschig wirkt es mit den rot gepolsterten Stühlen. Kaum zu glauben, dass in dem denkmalgeschützten Gebäude aus der Gründerzeit-Ära zuvor ein Geschäft für Matratzen zu Hause war. Die wiederhergestellte weiße Kassettendecke hatte sich unter einer abgehängten Decke versteckt, ebenso die prachtvollen Kapitele der nun mit silbrig glänzendem Bahnlack in Szene gesetzten historischen Säulen. In warmem Karminrot gehaltene Wände und der im Mittelpunkt des Raums platzierte edle schwarz schimmernde Flügel verheißen dank dem Theatergründer ungeahnt mondänen Flair in eleganter Mainzer Wohnzimmeratmosphäre. Ausschließlich bespielt wird die in unmittelbarer Nachbarschaft des Mainzer Rathauses gelegene Kabarettbühne von Ramon Chormann selbst. Im für ihn typischen Bühnenornat begrüßt er im Foyer vor der Vorstellung jeden einzelnen Gast persönlich. Wohlfühlatmosphäre stellt sich ein. Das Prickeln des Sektes scheint sich aus den Gläsern auf die Luft zu übertragen. Wir treffen ständig viele Entscheidungen im Leben, wird Chormann gleich auf der Bühne sagen. Auch die, glücklich zu sein. Und er singt und sagt noch viel mehr, trifft auf lachende Zustimmung und nachdenkliche Gesichter. Die Mischung macht's und kommt an. Standing Ovations und ein nahezu immer ausverkauftes Haus stehen dafür. Tatsache bleibt: Theater macht glücklich. Und es kann in Mainz nicht genug davon geben.

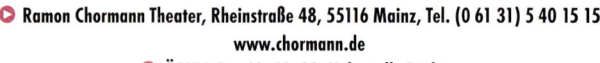

● Ramon Chormann Theater, Rheinstraße 48, 55116 Mainz, Tel. (0 61 31) 5 40 15 15
www.chormann.de

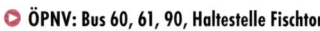

● ÖPNV: Bus 60, 61, 90, Haltestelle Fischtor

Laubenglück und Löwenmaul

65 *Der Schrebergarten An den Römersteinen e.V.*

Im Frühling zieht es die Städter ins Grüne. Aber nicht irgendwohin. Denn der Schrebergarten ist als beliebter Rückzugsort aus dem Trubel der Großstadt wiederauferstanden. Spießig soll das Wühlen in der Erde sein? Keineswegs. Die 1910 gegründete Gartenkolonie An den Römersteinen e. V. ist die älteste und mit 193 Kleingärten die größte von insgesamt 23 existierenden Anlagen der Stadt. Sie steht hier beispielhaft für andere Schrebergärten in Mainz und bildet mit ihren urigen Lauben eine herrliche kleine Idylle am Mainzer Stadtrand. Etwa zehn Minuten mit dem Rad vom Zentrum entfernt ist auch hier der Wandel zu spüren. Denn immer mehr junge Menschen zieht es auf die eigene Scholle. Weg vom Gartenzwergbiotop geht der Trend damit zum kleinen grünen Paradies mit Hochbeet und hygelliger Gartenlaube. Für Familien, die heute zunehmend bewusster leben und sich gesund ernähren möchten, ist es außerdem die ideale Möglichkeit, dem Nachwuchs zu vermitteln, wie Radieschen wachsen oder ein Komposthaufen angelegt wird. Und bezahlbar ist das Ganze obendrein. Der Pfad führt damit sogar wieder zurück in die Historie, zu den Ursprüngen des Schrebergartens: Namensgeber ist der Leipziger Arzt und Hochschullehrer Moritz Schreber. Nach ihm wurde 1865 eine Spielwiese, der „Schreberplatz", in Leipzig benannt. Kinder von Fabrikarbeitern konnten hier unter pädagogischer Betreuung spielen. Als später die Anlage von „Kinderbeeten" auf dem Areal erfolgte, fanden rasch ganze Familien Gefallen an der Idee. Der Ursprung des heutigen Schrebergartens war geboren und breitete sich von hier aus nach und nach in ganz Deutschland aus. Rund 970.000 Mitglieder, so viel wie in keinem anderen europäischen Land, sind bei uns in Kleingärtnervereinen organisiert.

Aber klar ist: So ein Garten ist ein Dauerprojekt. Und der Weg zum Glück führt auch über eine Gartenordnung: So ist „der Garten … bis spätestens 20. Mai eines Jahres zu bestellen, er ist ganzjährig in einem guten Pflegezustand zu halten". Heißt es da nur zum Beispiel.

Gartenkolonie An den Römersteinen e.V. , Albert-Schweitzer-Straße, 55128 Mainz,
Tel. (0 61 31) 83 33 93, www.kleingaertner-in-mainz.de
ÖPNV: Bus 57, Haltestelle Backhaushohl

Mekka für Genussmenschen

66 *Die Fleischboutique Edelbeef*

Riesige Rinderhälften hängen an den Fleischerhaken von der Decke in der Reifekammer. Fein marmoriert, tiefrot, gleichmäßig von Fett durchzogen sind sie ein Hingucker und haben schon manchen passionierten Hobbykoch in den kleinen Laden in der Jakobsbergstraße gelockt. Durch die Scheiben können Genießer das Fleisch bestaunen und sich schon mal auf ein saftiges Steak freuen. Und auch die Theke daneben ist gut bestückt mit Ware, die so nicht überall zu haben ist. Von Txogitxu über die Meenzer Muh bis zum Wagyu reicht die Palette.

Seit Februar 2015 leben Assador und Fleisch-Sommelier Marcel Speidel und Partnerin Petra Raab ihre Passion für hochwertiges Fleisch in exklusiver Qualität in der Altstadt. Dabei ist das Thema Wertschätzung ein Baustein ihrer Philosophie. Beginnend mit der Frage „Wie wächst das Tier auf?" spielt das Wissen um Haltung und Mast der Tiere, deren Fleisch sie verkaufen, eine entscheidende Rolle für das Paar. Neben Premiumfleisch aus Japan, Australien oder Italien bieten sie bewusst Fleisch von Erzeugern aus der Region an. Letzteres erhält seinen einzigartigen Geschmack durch Trockenreifung im eigenen Fleischreifeschrank. Den Trend, lieber weniger, dafür gutes Fleisch zu essen, unterstützen die Branchen-Quereinsteiger. Das Motto lautet „nose to tail", übersetzt „von der Nase bis zum Schwanz", und bezieht sich auf die Verwertung des gesamten Tieres. Verkauft werden neben edlen Stücken auch sonst kaum noch in deutschen Metzgertheken erhältliche Innereien. Gute Beratung ist beim Kauf bisweilen ungewöhnlicher Fleischstücke natürlich inklusive. Ansonsten ist hier alles zu haben, was besonders gut zum Fleisch passt. Vom Messer über Feinkost wie Olivenöl und Gewürze – bis, natürlich, zum exquisiten Wein. Wer hier ausschließlich Rotwein vermutet, irrt übrigens. Die beiden Mainzer schätzen insbesondere das ebenfalls hervorragend zum edlen Fleisch passende Weinangebot der sie umgebenden Regionen Rheinhessen, Rheingau und Pfalz.

Edelbeef, Johannisstraße 8, 55116 Mainz, Tel. (0 61 31) 9 20 88 46
www.edel-beef.de
ÖPNV: Bus 28, 54–57, 60–65, 68, 70, 71, 90, 91, 99, Haltestelle Höfchen

Wahrzeichen mit Weitsicht

67 *Turmbesteigung der Christuskirche*

Wolkenkratzer oder einen Hausberg, um spektakuläre Ausblicke über die Stadt zu erlangen, sucht man in Mainz vergebens. Mit rund 80 Metern überragt die Kuppel der Christuskirche aber noch immer die meisten Gebäude von Mainz und zählt zu den wichtigsten Wahrzeichen der Stadt. Dem Himmelsblau ist man hier oben so nah wie kaum woanders in Mainz. Und wie ein glitzerndes Band liegt der Rhein zu unseren Füßen. Von Mitte August bis Anfang März können Besucher das Kirchengebäude besteigen und von oben einen fantastischen Ausblick über Stadt, Rhein und bei guter Wetterlage sogar bis nach Frankfurt genießen. In der anderen Zeit ist die Aussicht den hier brütenden Wanderfalken vorbehalten. Wo einst Festungswälle waren, spazierten zur Jahrhundertwende Damen mit zierlichen Sonnenschirmen, rollten elegante Pferdekutschen den zu seiner Zeit prächtigen „Boulevard" entlang, plätscherten Springbrunnen und blühten bunte Blumen in den Rabatten der parkähnlichen Mitte. Dieser Prachtboulevard von Mainz lud zwischen historischer Alt- und gerade entstehender Neustadt zum Flanieren und Sehen und Gesehenwerden ein.

Wie auf einer Insel und zugleich als monumentaler Abschluss der Szenerie ruhte damals wie heute die evangelische Christuskirche inmitten der doppelläufigen Straße.

Sieben Jahre währte die Bauzeit des „evangelischen Doms", der von seinem Architekten, dem bedeutenden Stadtbaumeister Eduard Kreyßig (siehe Seite 112), als moderner Gegenpol zum Dom der Altstadt geplant wurde. 1903 konnte der Sandsteinbau mit seinem weithin sichtbaren Turm und der weit in die Höhe ragenden Kuppel endlich eingeweiht werden. Das größte evangelische Gotteshaus der Stadt stellt damit das Wahrzeichen des ab 1888 in „Kaiserstraße" umbenannten Boulevards sowie der gesamten Neustadt dar. Die Fertigstellung „seiner" Kirche erlebte Kreyßig nicht. Lediglich seiner Büste ist ein Blick vom Denkmalsockel über den mittleren Grünstreifen der heutigen Kaiserstraße hinweg in Richtung der mächtigen Kirchenkuppel vergönnt.

• •

Christuskirche, Kaiserstraße 56, 55116 Mainz, Tel. (0 61 31) 23 46 77
www.christuskirche-mainz.de
ÖPNV: Bus 9, 62, 63, 67, 68, 92, Haltestelle Hindenburgplatz/Architektenkammer

 140

Libellen, Luft und Landschaft

68 *Das Wildgrabental*

Wie eine in Richtung Stadt geöffnete Schere, so klaffen die A 60 bei Hechtsheim und die in Höhe des Vororts Bretzenheim das Wildgrabental überquerende Pariser Straße auseinander. Wer hier im dichten Stadteinwärts- oder Stadtauswärtsverkehr rauscht, hat keine Chance, einen Blick hinunter in das dazwischenliegende Wildgrabental zu werfen. In dem Karree unterhalb der Ziegelei, einem unter Denkmalschutz stehenden Industriedenkmal, der Berliner Siedlung, aus den 1960er-Jahren stammenden Hochhausblocks und zu Füßen der Hechtsheimer Kurmainz-Kaserne fließt ein kleiner, natürlich wirkender Bach. Einst in einen betonierten, die Talsohle schnurgerade durchschneidenden Entwässerungskanal gedrängt, mäandert das kleine Gewässer heute vorbei an Hecken und Binsensträuchern, spiegeln größere Wasserflächen das Sonnenlicht, fliegen Libellen und blühen besondere Pflanzen.

Spaziergänger, Jogger und Radler bevölkern die zwischen Wiesen und Äckern verlaufenden Wege, Sonnenanbeter liegen am größeren Teich im Gras. Sogar eine kleine Furt gibt es. Alles sieht inmitten des vom Verkehr umrauschten Tals nach Naherholung aus. Dabei handelt es sich doch „nur" um eine moderne Entwässerungsanlage, als durch den Bau des neuen Wasserrückhaltesystems gleichzeitig die Renaturierung der für Mainz zudem wichtigen Frischluftschneise gelungen ist. Insgesamt 45.000 Kubikmeter Wasser kann der Anfang 2008 fertiggestellte Graben jetzt auffangen. An Ort und Stelle kann es dann versickern und verdunsten, wodurch der natürliche Wasserkreislauf so wenig wie möglich beeinflusst wird.

Auf dem befestigten Wirtschaftsweg geht es durch das im Bogen verlaufende Tal, besonders schön übrigens ist es mit dem Fahrrad. Der Weg schlängelt sich zwischen Feldern und Wiesen parallel zum Bach. Der Schornstein der alten Ziegelei gerät immer wieder einmal in den Blick. Unterhalb der Hochhäuser und an Kleingärten vorbei gelangt man wahlweise Richtung Innenstadt oder Mainz-Hechtsheim.

Wildgrabental, 55128 Mainz (der hier beschriebene Abschnitt liegt zwischen Hechtsheim und Bretzenheim)
ÖPNV: Bus 70, 71, Haltestelle Alte Ziegelei

Bewegung für die Seele

69 *Das Yoga Vidya Zentrum*

Surya Namaskar, der Sonnengruß, ist eine Yogaübung, die für sich steht. Jede der dynamisch aufeinanderfolgenden zwölf Asanas hat ihre Wirkung. Der Happiness-Faktor ist groß beim Yoga, denn körperliches und geistiges Wohlbefinden sind quasi garantiert. Damit liegt Yoga im Trend wie nie zuvor und wird auch von Krankenkassen als Präventivmaßnahme gegen Krankheiten oder zur Begünstigung von Heilungsprozessen gefördert.

Das Yoga Vidya befindet sich im obersten Stock des Neubrunnenbads. 1903 als mit Wannen- und Dampfbädern ausgestattete physikalische Heil- und Badeanstalt eröffnet, stand hier bis in die 1980er-Jahre die medizinische Behandlung im Vordergrund. Heute erinnert nur noch der Schriftzug an die bewegte Vergangenheit. Freundliche Ruhe und Gelassenheit dringen uns entgegen, öffnet sich die Tür zum Yogazentrum, das sich auch als Ort der Begegnung sieht.

Sphärische Klänge erfüllen die Räume, Räucherstäbchen-Duft vermittelt eine fernöstliche Atmosphäre. Die Räume, in denen Körper, Geist und Seele ins Gleichgewicht kommen sollen, sind schlicht gehalten. Klangschalen stehen bereit, die Wände sind geziert mit Bildern von Swami Sivananda Saraswati (1887–1963), einem indischen Arzt und Yogameister, nach dessen Vorbild hier Yoga praktiziert wird. So finden wir im Verlauf unserer Yoga-Einheit als „Baum im Wind" zurück zu mehr Gleichgewicht, mit der Yogaübung „Krieger" können wir neben der Kräftigung unseres Körpers auch mehr Durchhaltevermögen, geistige Kraft und Mut erlangen, während wir uns im Modus der „Kobra" öffnen und befreit fühlen. Praktizieren wir den „Fisch", bei dem es um die Öffnung des Herzens geht, fühlen wir uns später auf der Straße vielleicht sogar freundlicher und auch wohlgesinnter als zuvor. Dreimal spricht man hier zum Ende der Yoga-Stunde das Mantra „Lokaah Samstaah Sukhino Bhavantu", was übersetzt so viel heißt wie „Mögen alle Wesen Glück und Harmonie erreichen". Und spüren wir nicht tatsächlich schon so etwas wie „Om Shanti", das Zusammenspiel von Körper, Seele und Geist?

● Yoga Vidya Zentrum und Yogaschule, Neubrunnenstraße 8, 55116 Mainz, Tel. (0 61 31) 2 77 60 33
www.yoga-vidya.de
● ÖPNV: Bus 6, 64, 65, Haltestelle Neubrunnenplatz/Römerpassage

Picknick mit viel Aussicht

70 *Die Terrasse auf der Zitadelle*

Die Sonne taucht die Stadt in warmes Licht, eine sommerliche Brise weht über den Hügel und die Wärme zaubert uns ein Lächeln ins Gesicht. Es gibt kaum etwas Schöneres als einen Sommertag in Mainz. Besonders schön ist es dann auf der Terrasse des Kommandantenbaus.

Auf dem Jakobsberg, hoch über der Stadt, thront die Mainzer Zitadelle. Nach langen Jahren im Dornröschenschlaf ist sie endlich wachgeküsst. Auf dem rund zehn Hektar großen, von einer fast zwei Kilometer langen Mauer, Gräben und Wällen umgebenen Gelände befinden sich Museen, der monumentale Drususstein aus römischer Zeit und viel Grün. Die weitreichende Vergangenheit der Festungsanlage aus dem 17. Jahrhundert ist bei einem Streifzug in allen Winkeln und Ecken zu spüren. Die Zitadelle ist aber nicht nur ein besonders spannender Ort für geschichtliche Entdeckungen in der Ober- und selbst in die Unterwelt, Austragungsort für unterschiedlichste Festivitäten und Sitz einiger Verwaltungen der Stadt Mainz, untergebracht in früheren Kasernengebäuden. Sie ist auch Naherholungsgebiet. Die Zitadelle ist die grüne Lunge der Innenstadt.

TIPP Ob zum Brunch oder Tapas-Abend: Der Besuch im Café Citadelle lohnt sich! www.citadelle.gpe-mainz.de

Im Sommer kann man den erfrischenden Luftstrom aus dem Zitadellengraben in der Stadt spüren. Der Grünbestand der Zitadelle ist eine der artenreichsten Flächen im bebauten Bereich von Mainz und Rückzugsort für eine ganz eigene Tierwelt. Das naturnahe Grün wirkt gleichermaßen entspannend wie anregend. Ein Hauch von südfranzösischem Flair weht über die weitläufige Terrasse, wenn zwischen dem hoch über der Stadt ragenden Kommandantenbau und dem Wall der Bastion Germanicus die kleinen glänzenden Kugeln rollen. Dann wird hier nämlich leidenschaftlich Boule – oder auch Pétanque – gespielt, gekämpft, gelacht und palavert. Wie schön, dass es hier auch ein langes Mäuerchen gibt. Besonders praktisch, um die natürlich vorhandene Tafel als Abstellmöglichkeit für ein oder zwei Fläschchen Vin rouge zu nutzen. Oder gleich für ein ganzes Picknick. Denn die Aussicht ist grandios.

Zitadelle, Am 87er Denkmal, 55131 Mainz
www.festung-mainz.de
ÖPNV: Bus 64, 65, 90, 92, Haltestelle Zitadellenweg/Bahnhof Römisches Theater

Schlechtwetter-Programm

 71 *Die Gewächshäuser im Botanischen Garten*

Das Schöne an Mainz ist ja, dass man gar nicht weit raus oder gar in den Urlaub fahren muss, um Neues zu sehen oder Natur zu tanken. Das Beste: Oft ist nicht einmal ein Auto nötig, denn fast überall kommt man bequem mit dem Fahrrad oder dem ÖPNV hin. So gibt es für diese besondere Mainzer Adresse sogar eine eigene Busstation mit Namen „Botanischer Garten". Vorbeigekommen, aber nie ausgestiegen? Es lohnt sich! Neun Hektar Fläche und etwa 8500 Pflanzenarten hat die über 70 Jahre alte Gartenanlage der Johannes Gutenberg-Universität zu bieten. Die botanische Vielfalt der ganzen Welt lässt sich hier erkunden, zudem gibt es unterschiedliche Schwerpunkte in den Gärten – und für durch unschönes Wetter geschwächte Gemüter: Gewächshäuser!

Während die Natur im großen Freilandbereich den Verlauf der hiesigen Jahreszeiten spiegelt, beheimaten die größtenteils noch aus der Gründungszeit des Botanischen Gartens stammenden Gewächshäuser ganzjährig genügend Grün für die Seele. Hier ist es besonders bei nassem, ungemütlichem Wetter angenehm warm, manchmal vielleicht sogar etwas zu mollig für die menschliche Körperkerntemperatur. Aber gerade deswegen gibt es hier ja auch so viele tropische Pflanzen zu bestaunen, die man sonst nicht zu Gesicht bekommt. Die im eigenen Gartenbereich mit separatem Zugang gelegenen Gewächshäuser sind zudem ideal, um ein wenig dem Lärm der Stadt zu entkommen und sich in aller Ruhe den Besonderheiten der Botanik zu widmen.

TIPP *Das ganze Jahr hindurch finden im Botanischen Garten öffentliche Führungen mit speziellen Themen statt.*

Wer mit offenen Augen durch diese Vielfalt wandert, entdeckt immer wieder etwas Neues. Und je nachdem, ob man im Sukkulentenhaus, bei den Tropischen Nutzpflanzen oder den Kalthauspflanzen zu Besuch ist, hat jedes Haus seinen eigenen besonderen Charakter. Überwiegend als reine Sammlungshäuser mit künstlichem, den Lebensbedingungen der (sub-)tropischen Exoten angepasstem Klima konzipiert, sind die Häuser aus Glas seit 1992 für Besucher geöffnet.

● Botanischer Garten der Johannes Gutenberg-Universität, Anselm-Franz-von-Bentzel-Weg, 55128 Mainz, Tel. (0 61 31) 3 92 22 51, www.botgarten.uni-mainz.de
● ÖPNV: Bus Linie 57, Haltestelle Botanischer Garten

Rückzugsort im Rosenhain

 72 *Der Rosengarten*

Zeit, sich auf einer der Bänke auszuruhen. Das Mobiltelefon in der Tasche zu lassen. Und zu schwelgen. In den vielen Nuancen des Gartens, dem zarten Flimmern der bunten Blüten im leichten Wind. Leise summen die Bienen in den Blüten. Und auch für die Schmetterlinge ist der Tisch jetzt reich gedeckt. Von hier oben reicht der Blick auf die gegenüberliegende Mündung des Mains in den Rhein. Wie schön es ist, am Rand des hübsch gemachten Mainblickbrunnens unter mächtigen alten Bäumen zu sitzen …

Zu Beginn des Sommers blühen die Rosen am üppigsten und haben ihre Hochzeit. Dazu kommt, dass viele historische Rosensorten und auch die Wildrosen gerade dann ihre meist nur einmalige, oft überbordende Blütenfülle zeigen. Und selbst Rosensorten, deren Blütezeit sich bis weit in den Herbst erstreckt, blühen nie prächtiger als im Frühsommer. Völlig zu Recht nennt man den Juni „Rosenmonat" und zu dieser Zeit präsentiert sich der im oberen Teil des Stadtparks gelegene Rosengarten in seiner üppigsten Pracht. Im Lauf der letzten Jahre wurde das Gelände saniert und die Bepflanzung um meist einjährige Sommerblüher ergänzt. Das Ergebnis um diese Jahreszeit ist ein einziger opulenter Farbenrausch.

TIPP *Die vier Jahreszeiten werden durch die um 1925 geschaffenen Putten symbolisch dargestellt.*

Tatsächlich entstand der Rosengarten als Teil des oberen Stadtparks anlässlich einer Tagung des Vereins deutscher Rosenfreunde in Mainz im Jahre 1925 auf früherem Festungsgelände. Anlässlich der Rosenschau setzte der Niersteiner Gartenarchitekt August Waltenberg seine Idee von zwei senkrecht zueinander stehenden, heute noch existierenden Achsen mit mehreren Bereichen um. Zehn Jahre später, 1935, feierte der Verein Jubiläum. Anlässlich dieses Gedenktages wurde das Areal noch einmal erheblich erweitert. Erst im Jahr 1962 stellte man den nach einer weiteren Umgestaltung auf 9.500 Quadratmeter Fläche angewachsenen Rosengarten unter Denkmalschutz. Jährlich ist der Rosengarten idyllischer Standort eines Künstler- und antiquarischen Buchmarktes sowie Teil des im Stadtpark stattfindenden Weinmarkts.

⦿ Rosengarten im Stadtpark, Zugang über die Straße Am Rosengarten, 55131 Mainz
⦿ ÖPNV: Bus 62, 63, 92, Haltestelle Rosengarten

Gar kein stilles Örtchen

 73 *Das bunte Toilettenhäuschen am Münsterplatz*

Glück ist relativ. Ein Glücksort ist es auch. Er kann auf einer exotischen Insel liegen oder direkt um die Ecke. Je nach Lebenssituation können Plätze vom profanen Alltagsort auch ganz plötzlich zum Glücksort avancieren. Denn was einem fehlt, merkt man ja oft erst dann, wenn es plötzlich nicht selbstverständlich zur Verfügung steht. Das bunte Örtchen mitten auf dem Mainzer Münsterplatz ist nun alles andere als ein stilles Örtchen. Dafür fällt es zu sehr auf. Und geht es rund um seinen neuen Standort viel zu turbulent zu. Mehrspurig wird es umfahren, hier halten täglich bis zu 1.640 Straßenbahnen und Busse. Rund 17.000 Menschen laufen täglich über den kleinen Platz, auf dem seit seiner Neugestaltung 2018 ein großer Baldachin auf dünnen Rohrstützen zu schweben scheint. Das Flugdach aus Edelstahl weist gestalterische Knicke auf, schimmert und glänzt, ist Sonnen- und Regenschutz, Haltestelle und Treffpunkt. Im Dach installierte Scheinwerfer, wie von einem Luftschiff stammend, erleuchten das Plätzchen zur Nachtzeit. Unter dem Edelstahl-Pavillon, an seinem äußeren Rand, befindet sich von allen Seiten unübersehbar der kleine, bunte Kubus mit seiner raffinierten Spiegelfassade. Grün und dunkelblau, dann wieder gelb und tieforange … Je nachdem, von wo man kommt, wo man steht – oder auch, wie groß man ist: Die äußeren Farben des Würfels mit der profanen wie praktischen Innenausstattung changieren, verändern sich ständig. Besonders Kinder sind fasziniert vom Spiegelkabinett. Nein, das ist kein Toilettenhäuschen von der Stange. Das ist ein Hingucker. An diesem Mainzer Platz hat das stille Örtchen Karriere gemacht. Unübersehbar steht es im Fokus, scheint gar zu sagen: „Hier bin ich." Hoffentlich zur rechten Zeit, möchte man hinzufügen. Dann muss man sich nur noch hineintrauen, in das Erleichterung versprechende Örtchen. So prominent wie das Glück versprechende Häuschen platziert ist, so sichtbar ist nun eben auch sein Ein- und Ausgang.

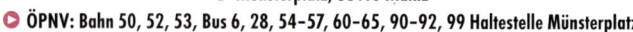

● **Münsterplatz, 55116 Mainz**
● **ÖPNV: Bahn 50, 52, 53, Bus 6, 28, 54–57, 60–65, 90–92, 99 Haltestelle Münsterplatz**

Natur pur vor den Toren

74 *Das Laubenheimer Ried*

Der betonierte Wirtschaftsweg führt aus Laubenheim hinaus in die Felder. Fototafeln seitlich des Weges informieren über das Ried. Dass man sich schon nach wenigen Metern in einer ganz eigenen, versteckten Welt befinden wird, entdeckt man eher auf den zweiten Blick. Auf engen Pfaden geht es hinein, in das kleine Naturparadies Laubenheimer Ried.

In dieser besonderen Atmosphäre lässt sich Energie tanken. Wie es quakt, zwitschert und klappert. Weißstörche haben hier einen wichtigen Lebensraum gefunden und brüten regelmäßig zwischen dem Nord- und Südweiher. Ruhig und majestätisch, mit weit ausgebreiteten Flügeln, gleiten sie über das Ried. Frösche liegen träge im stehenden Gewässer, das auch Enten, Gänsen und anderem Wassergetier Lebensraum bietet. Mit etwas Glück zeigen sich die Wasserschildkröten. Und ist der Eisvogel zu entdecken. Um die Tierwelt nicht zu stören und seltene Pflanzen wie die Wieseniris oder das auf Schlammböden angewiesene Gottesgnadenkraut nicht zu beeinträchtigen, sollte man auf den Wegen bleiben.

Westlich begrenzt durch die Hänge des Rheinhessischen Plateaus, von denen mit 196 Metern die Laubenheimer Höhe den höchsten Punkt darstellt, erstreckt sich das Ried in Richtung Rhein. Gute fünf Meter liegt die kleine Naturoase unter dem Rheinniveau und ist Teil einer Aue. Der Grundwasserstand ist damit hoch. Bis in die 1930er-Jahre wurde hier der Abbau von Ton betrieben. Die früheren Ziegeleiteiche bilden somit den Kern des Naturschutzgebietes. Gemeinsam mit den ehemaligen Flutrinnen des Rheins bietet das Sumpfland mit Wassergräben und Feuchtmulden die ideale Voraussetzung für die sich hier ausbreitende schützenswerte Tier- und Pflanzenwelt. Die kleine Naturoase vor den Toren von Mainz von etwa 180 Hektar ist damit mehr als „nur" Naturschutzgebiet. Aufgrund seiner besonderen Artenvielfalt ist das Ried nach der europäischen Fauna-Flora-Habitat-Richtlinie auch als FFH-Gebiet – und damit als höchstes europäisches Schutzgebiet – ausgewiesen.

· ·

⊙ Laubenheimer Ried, Zugang über die Straße Am Leitgraben, 55130 Mainz-Laubenheim
⊙ ÖPNV: Bus 61, 63, Haltestelle Riedweg

Hochzeit im Schloss

75 *Das Standesamt im Kurfürstlichen Schloss*

Die ersten Gäste der Hochzeitsgesellschaft treffen ein. Ein Kribbeln liegt im Innenhof des Kurfürstlichen Mainzer Schlosses an diesem frühen Nachmittag spürbar in der Luft. Dazu bei trägt sicher auch das Gläschen Sekt, das jedem Neuankömmling gereicht wird. Die Spannung steigt. Wo bleibt die Braut? Die steinernen Stufen geht es für die Hochzeitsgäste schon einmal hinauf in Richtung Trausaal. Ein Raunen. Und Staunen. Ah, wie schön. Ganz mit rosa Tapete ausgestattet ist der Raum. Spiegel an den Wänden und von der Decke herabhängende Kristalllüster verleihen dem Saal Festlichkeit. Auf dem glänzenden Parkettboden könnte man auch tanzen …

Vor dem Fenster steht ein Tisch. Dahinter die Standesbeamtin. Der Blick auf den Rhein und den Himmel darüber, er gehört dem Brautpaar und seinen Trauzeugen, die ihr gleich gegenübersitzen und sich hier von ihr vermählen lassen werden, und natürlich all den Verwandten und Freunden. Eine Trauung ist ein besonderer Moment im Leben. Hier im Mozartsaal passt sie auf einmal zusammen, die Romantik mit dem rechtlichen Verwaltungsakt. Tatsächlich war die standesamtliche Trauung einst ausschließlich auf die rechtliche Wirkung ausgelegt. War der Besuch im Standesamt meist nur nüchternes Vorspiel vor dem eigentlichen Höhepunkt, der kirchlichen Hochzeit. Aber ob nun mit oder ohne anschließendes Eheversprechen vor dem Altar: Das Jawort ist ein Bekenntnis zur Liebe. Und eine gänzlich individuelle und vor allem intime Sache. Und damit soll auch die Trauung selbst ein spezielles Flair entfalten. Darauf hat sich auch das Standesamt in Mainz längst eingestellt. Immer häufiger verlassen die Standesbeamten den Kreyßig-Flügel im Stadthaus auf der Kaiserstraße, um das Jawort im Mozartsaal – aber auch anderen Hochzeits-Locations – abzunehmen. Die historische Kulisse in der einstigen Mainzer Kurfürsten-Residenz wird die Bilder und Eindrücke der Zeremonie sicher in besonderer Erinnerung bleiben lassen. Und wenn die Braut durch die große Tür tritt, geht erneut ein Raunen durch den Saal.

Kurfürstliches Schloss Mainz, Peter-Altmeier-Allee 9, 55116 Mainz, Tel. (0 61 31) 24 20
www.mainz-congress.com
ÖPNV: Bus 6, 9, 28, 54–57, 68, 70, 91, 90, Haltestelle Landtag

Hofgarten-Idylle

76 *Der Antiquitätenhandel Bareis in der Neustadt*

Geschützt hinter dem Hoftor und abgeschieden von der Betriebsamkeit der Außenwelt bietet ein Innenhof die Chance, sich seinen ganz eigenen Mikrokosmos zu schaffen. Hat man den Eingang des unscheinbaren Hauses aus den 1960er-Jahren in der Hafenstraße erst einmal gefunden, steht man auch schon mittendrin, in dem versteckten Kleinod. Es hat etwas Mediterranes, sieht man den Hausherrn auf seinem Gartenstuhl am kleinen Tisch sitzen, vor ihm nur ein mit Wasser gefüllter Zinktrog. Kleine gelbe Enten schwimmen darauf, ein weißer Schirm spendet Schatten. Man glaubt kaum, wie viel Platz für Pflanzen hier ist. In diesem Hof blüht und grünt es im Sommer nach Kräften. Die Wärme speichernden Wände und das geschützte Mikroklima bieten Südländern wie den großen Oleandern die perfekten Lebensbedingungen. Stockrosen blühen am Rand, ein mächtiger Hibiskus reckt seine Blüten aus dem mit dichtem Grün bewachsenen Streifen zur Grundstücksgrenze, wilder Wein bedeckt die Hausfassade und spendet den Gebäuden Schatten. Im hinteren Teil wächst eine Kiwi, die große Kastanie bietet Sichtschutz. An den Fassaden der anderen Neustadthäuser seitlich des Hofes weht bunte Wäsche im Wind. Christian Bareis und seine Frau haben mehrere Jahre gebraucht, um den einst tristen Innenhof des Mehrfamilienhauses mit Parkplatz und Werkstatt in eine grüne, lebens- und liebenswerte Oase zu verwandeln.

Schon während seines Studiums der Biologie hat Christian Bareis das Thema Antiquitäten für sich entdeckt und restauriert die auf dem Land in Kellern und Scheunen, bei Wohnungsauflösungen oder auch auf Flohmärkten gefundenen Schätzchen am liebsten selbst. Weit gehen muss er dafür nicht. Die einstige Werkstatt des Vaters, der hier früher Waagen baute, befindet sich inmitten des Hofes. Im vorderen Teil entfernt der Holzliebhaber alte Lackschichten, Farb- und Klebereste, spachtelt und poliert, bessert aus und repariert. Erstrahlt das gute Stück in neuem Glanz, zieht es um, in den hinteren Teil, den Ausstellungsraum.

· ·

▶ Antiquitätenhandel Bareis, Hafenstraße 13, 55118 Mainz, Tel. (0 61 31) 63 27 88
▶ ÖPNV: Bus 70, 76, Haltestelle Feldbergplatz/Mainzer Stadtwerke

9.135 km bis ins Napa Valley

77 *Der Great-Wine-Capital-Wegweiser*

Die grünen Wegweiser am Mainzer Rheinufer weisen den Weg in alle Himmelsrichtungen. Wohin soll es gehen? Nach Bilbao? Oder Bordeaux? Oder gleich nach Mendoza? Warum denn nicht nach Verona oder nach San Francisco …? Wer die Wahl hat, hat die Qual. Und kann sich hier einfach mal wegträumen. Am besten mit einem guten Glas Wein in der Hand, das in unmittelbarer Nähe samstags und sonntags in der warmen Jahreszeit von den Mainzer Winzern ausgeschenkt wird. Denn egal für welchen dieser Sehnsuchtsorte man sich entscheidet: Sie alle verbindet ein entscheidendes Element mit Mainz und Rheinhessen, und das ist der Wein!

Der Weinbau hat in Mainz Tradition, seit die Römer in Mogontiacum erste Reben zur Versorgung ihrer Truppen setzten. In noch existenten alten Stadtplänen und Urkunden befinden sich zahlreiche Hinweise auf Weinberge und Reben, die im Verlauf der Jahrhunderte selbst innerhalb der Festungsmauern gediehen. So wies Mainz mit rund 451 Hektar einst die größte Rebfläche einer Großstadt in Deutschland auf. Bis heute erlebt werden kann die Verbindung der Stadt zum Wein auf einer Vielzahl von Weinfesten und in den unterschiedlichsten Mainzer Wein-Locations. Im Jahr 2008 wurde Mainz inklusive der angrenzenden Weinregion Rheinhessen als exklusiver Vertreter Deutschlands in das globale Netzwerk der Weltweinhauptstädte berufen. Die Great Wine Capitals (GWC) sind ein Netzwerk von zehn bedeutenden Großstädten der nördlichen und südlichen Hemisphäre und dazu zählen auch die bereits hier genannten Orte. Dieses Netzwerk ist das einzige weltweit, das die sogenannte Alte und die Neue Welt des Weines miteinander verbindet. Einmal pro Jahr führt das Netzwerk den Wettbewerb Best Of Wine Tourism Awards durch. In verschiedenen Kategorien können sich Weingüter und Anbieter mit Spitzenleistungen bewerben. Die Auszeichnungen werden auf nationaler wie auch auf internationaler Ebene vergeben. Diese Wegweiser beflügeln. Regen die Phantasie an. Und machen Lust auf mehr. Darf es noch ein Gläschen Wein sein?

⊙ **GWC-Wegweiser, Rheinufer, 55116 Mainz**
www.greatwinecapitals.com
⊙ **ÖPNV: Bus 28, 54–57, 60, 61, 68, 70, 71, 90, 91, 99, Haltestelle Rheingoldhalle/Rathaus**

Kunterbunter Lindwurm

78 *Der Mainzer Jugendmaskenzug*

Hat für alle Menschen auf der Erde das Jahr vier Jahreszeiten, hat Mainz eine mehr. Die fünfte Jahreszeit steht für die Fastnacht und für einen über die Jahrhunderte gepflegten Brauch. Ein erstes öffentliches Bekenntnis findet alle Jahre wieder mit der Verkündung des närrischen Grundgesetzes am 11. November auf dem Schillerplatz statt. Bereits am 1. Januar geht es beim Aufmarsch der Garden beim Neujahrsumzug mit einem lauten „Prosit Neujahr" in die neue Kampagne. Bis zum Aschermittwoch gilt es, einen wahren Marathon an Sitzungen, Bällen und Umzügen zu überstehen. Vierfarbbunt zieht die maskierte Kinder- und Jugendschar seit 1957 von Zehntausenden Zuschauern bejubelt durch die Mainzer Straßen. Es ist ein Fest der Kinder und der Jugendlichen aus Mainz und Umgebung, die sich bisher an einem Samstag vor Rosenmontag, flankiert von den Mainzer Garden und den Schwellköpp, von der Mainzer Neu- in die Altstadt schlängeln. Seit über 60 Jahren steht dieses fröhliche Fest der Lebensfreude immer unter einem anderen Motto. Steht es spätestens nach den Herbstferien fest, ist der Weg frei für das kreative Wirken in Kindergärten, Schulen und Vereinen.

Der sich durch die Straßen ziehende närrische Lindwurm der Kinder und Jugendlichen wurde schon im Jahr 1958 als schulische Veranstaltung vom rheinland-pfälzischen Kulturministerium anerkannt. Eine tolle Entscheidung, denn bis heute treten Kindergärten und Schulen, Vereine und andere Institutionen in einen närrischen Wettstreit, der seinesgleichen sucht und an dessen Ende die Kür der kreativsten Idee und der schönsten Kostüme steht. Der Mainzer Narren-Lindwurm gilt mit bis zu 4000 Teilnehmern als größter Jugendmaskenzug Europas. Erstmals 2019 zieht er jedoch nicht am Fastnachtssamstag, sondern bereits zwei Wochen früher durch die Mainzer Straßen. Geschuldet ist die Verschiebung der Einführung von Winterferien in Rheinland-Pfalz. Ist die Fastnacht davon betroffen, wird die Durchführung des Mainzer Jugendmaskenzugs zeitlich flexibel geplant.

· ·

◉ www.jugendmaskenzug.de

◉ ÖPNV: Bahn 50, 51, 59, Bus 6, 9, 52–57, 59, 60–68, 75,76, 90–92, 620, 650, 652, 660, Haltestelle Hauptbahnhof

Kinderparadies

79 *Generationenglück im Kinderladen*

Kunterbunt und immer etwas zu entdecken: Der Kinderladen ist das Mainzer Traditionsgeschäft für alles rund ums Kind. An Mamas Hand spazierte man selbst die Schillerstraße entlang bis zu den bunten Schaufenstern, an denen man sich die Nase platt drückte. Immer wieder waren sie neu dekoriert. Ein Fenster widmete sich der Welt der Puppen. Andere waren eher jahreszeitlich gestaltet. In der Weihnachtszeit leuchtete und glitzerte es und fuhr auch mal ein Bähnchen quer durch die Schaufensterlandschaft. Diese Kindheitserinnerungen dürften in den Köpfen von Generationen von Mainzern sein. Ein Einkauf im Kinderladen war etwas ganz Besonderes. Viele, viele Jahre später war man dann selbst Mama oder Papa, Tante oder Onkel – und das Ganze begann von vorne ...
Noch im Jahr 1929 wurde die Geschäftsbezeichnung „Der Kinderladen" als irreführender Name für ein Geschäft abgelehnt und konnte erst ab 1943 zum Bestandteil der Firmenbezeichnung werden. Bei den Mainzern ist es bis zum heutigen Tag immer nur der „Kinderladen". Viele Kinder bekamen hier das erste Steiff-Tier und den ersten Ranzen, hier wurden das Kommunionkleid ebenso wie das Fastnachtskostüm erstanden. Auch heute versetzt ein Besuch in Sekundenschnelle zurück in die eigene Kindheit. Das seit dem Zeitpunkt der Gründung fest in Familienhand befindliche Fachgeschäft hat wie ein Spielzeug-Dino überlebt. Von der Babyrassel über die Holzkugelbahn bis zum Legokasten, vom Modellauto über das Gesellschaftsspiel bis zum Schlitten – dieses Geschäft ist eine eigene Welt und steht bis heute für höherschlagende Herzen und leuchtende Kinderaugen. Über verschlungene Wege und Gänge, Treppen und Fahrstühle geht es über vier Etagen vorbei an rund 45.000 unterschiedlichsten Artikeln. Bei solch einer Vielfalt kann schon einmal schnell der Überblick verloren werden. Damit genau das nicht passiert, steht ein großes Team an Fachberatern parat, von denen ein großer Teil selbst schon zum Inventar zählt. Und das ist mindestens ein so großes Qualitätsmerkmal, wie das bunte Angebot an sich.

A & E WiRTH Der Kinderladen, Schillerstraße 48 und Große Bleiche 4, 55116 Mainz,
Tel. (0 61 31) 23 21 00, www.wirth-mainz.de
ÖPNV: Bahn 50, 52, 53, Bus 6, 28, 54–57, 60–65, 90–92, 99, Haltestelle Münsterplatz

Weihnachtliches Who's who

80 *Die Weihnachtspyramide*

Wie es funkelt und glitzert zur Weihnachtszeit, auf dem Weg vom Gutenbergplatz in Richtung der Domplätze ... Unmittelbar am Eingang zum Weihnachtsmarkt, auf dem Höfchen, fällt die elf Meter hohe Weihnachtspyramide in den Blick. Von Ständen umgeben ragt hier seit 2002 der von einer Schnitzerei aus dem Erzgebirge hergestellte Turm mit seinen fünf Ebenen heraus. Einen Glühwein oder Punsch in den Händen halten, mit netten Menschen plauschen und, wann immer man aufblickt, sich drehendes Mainzer Lokalkolorit vor Augen haben. So sieht Glück in Mainz in der Vorweihnachtszeit aus.

Als Mittelpunkt des Platzes erfüllt die Weihnachtspyramide mehrere Funktionen zugleich: Das über das vorweihnachtliche Treiben herausragende Wahrzeichen ist stimmungsvoller Treffpunkt. Und ein sehr begehrtes Fotomotiv. Vereinen sich doch hier, vor der Kulisse des Doms, neben klassischen Elementen einer Weihnachtspyramide auch typische Mainzer Figuren.

Dazu zählt auf der ersten Ebene die Personifizierung des weintrinkenden Mainzers schlechthin, der Schoppestecher (siehe Seite 56). Ein Mainzelmännchen ist ebenso vertreten. Der Fußballer im Mainz-05-Trikot hatte übrigens einen Vorgänger, der urplötzlich in der Nacht des Derbyspiels zwischen Mainz 05 und Eintracht Frankfurt im Dezember 2009 abhandenkam. Natürlich wurde eine neue Figur im Erzgebirge in Auftrag gegeben, die zwischenzeitlich längst montiert ist. Geht es auf der zweiten, dritten und fünften Ebene eher winterlich zu, sind ab der vierten Ebene erneut Mainzer Gesichter zu entdecken. Hier drehen sich der Erfinder des Buchdrucks, Johannes Gutenberg, und einer der Stadtbaumeister von Mainz, Eduard Kreyßig (siehe Seite 112). In schönster Eintracht kreiselt die römische Moguntia mit dem Bajazz, einer Narrenfigur, in der Höhe.

Der Mainzer Weihnachtsmarkt hat übrigens eine über 200-jährige Tradition. Erstmals 1788 als „Nikolose"-Markt erwähnt, findet das Treiben auf den rund um den Mainzer Dom gelegenen Plätzen jedes Jahr von Ende November bis zum 23. Dezember statt.

* * *

Weihnachtspyramide, Höfchen, 55116 Mainz
www.weihnachtsmarkt.mainz.de
ÖPNV: Bus 28, 54–57, 60–65, 68, 70 ,71, 90, 91, 99, Haltestelle Höfchen

Bibliografische Informationen der Deutschen Nationalbibliothek

Die Deutsche Nationalbibliothek verzeichnet diese Publikation in der Deutschen Nationalbibliografie;
detaillierte bibliografische Daten sind im Internet über http://dnb.d-nb.de abrufbar.

© 2019 Droste Verlag GmbH, Düsseldorf
Konzeption/Satz: Droste Verlag, Düsseldorf
Einbandgestaltung und Illustrationen: Britta Rungwerth, Düsseldorf unter Verwendung von Bildern von
© Fotolia.com: jd – photodesign.de; © iStock: Plociennik Robert
Fotos: Stefanie Jung, außer: S. 25: Helen Bender
Druck und Bindung: Gutenberg Beuys Feindruckerei GmbH, Langenhagen
ISBN 978-3-7700-2076-8

www.drosteverlag.de